写给孩子的
很热很热的冷知识

万物由来

生活奇解 + 科技真相 + 人体奥秘

捕梦星球 著
枫芸 绘

北京理工大学出版社
BEIJING INSTITUTE OF TECHNOLOGY PRESS

图书在版编目（CIP）数据

万物由来 : 写给孩子的很热很热的冷知识 : 全2册 /
捕梦星球著 ; 枫芸绘. -- 北京 : 北京理工大学出版社，
2023.4

ISBN 978-7-5763-2203-3

Ⅰ.①万… Ⅱ.①捕… ②枫… Ⅲ.①科学知识—青
少年读物 Ⅳ.①Z228.2

中国国家版本馆CIP数据核字（2023）第048662号

出版发行 / 北京理工大学出版社有限责任公司

社　　址 / 北京市海淀区中关村南大街5号

邮　　编 / 100081

电　　话 / （010）68914775（总编室）

　　　　　（010）82562903（教材售后服务热线）

　　　　　（010）68944723（其他图书服务热线）

网　　址 / http://www.bitpress.com.cn

经　　销 / 全国各地新华书店

印　　刷 / 唐山才智印刷有限公司

开　　本 / 787毫米×1092毫米　　　1/12

印　　张 / 18　　　　　　　　　　　　　　责任编辑 / 陈莉华

字　　数 / 280千字　　　　　　　　　　　文案编辑 / 陈莉华

版　　次 / 2023年4月第1版　2023年4月第1次印刷　　责任校对 / 刘亚男

定　　价 / 158.00元（全2册）　　　　　　责任印制 / 施胜娟

图书出现印装质量问题，请拨打售后服务热线，本社负责调换

WOW！

日常生活有点儿"冷"

BOOM！
体验科技大爆炸

请勿划伤

OH！
身体让你想不到

亲爱的小读者，你好呀！

欢迎来到冷知识的世界。

在这里你能读到：

冷到爆炸的生活知识，

离谱至极的科技现象，

稀奇古怪的身体机能……

万般精彩，即将呈现在你面前，GO！

WOW！
日常生活有点儿"冷"

01 超市里的货物也有专属"身份证"！

条形码也叫"条码"，是一种由很多宽度不等的黑条和白空组成的符号。

我发明条形码是为了分拣信件！放我走啊！

你敢相信吗？一百年前的货物分拣员过着相当艰苦的生活。面对着堆积如山的货物、密密麻麻的数字，分拣员简直分分钟要崩溃！

👑 发明家约翰·科芒德灵机一动，发明了条形码，又制造了一台能识别它的扫描器，终于让可怜的分拣员脱离了苦海！

👑 条形码是怎么方便分拣的呢？由于不同种类、地区、价格的货物都有各自的编号，人们就把这些编号"翻译"成条形码，印刷在货物包装上。分拣员只需要用扫描器"嘀"一下就可以啦！

第一台扫描器扫描的就是我。

箭牌口香糖

我吸收可见光，你反射可见光，别弄错了！

Yes, sir！

👑 扫描器能识别出条形码，是不是有超能力呢？条形码上的白空能反射光线，黑条能吸收光线，扫描器将接收到的光线信息上传给计算机，就能把对应的货物信息显示出来啦！

都说牛奶要喝新鲜的，刚挤出来的"超新鲜"牛奶能马上喝吗？千万不要！这时牛奶里有很多细菌，我们人类可受不了！

要经过奶牛清洗、脂肪粒打碎、牛奶灭菌、无菌包装等一套流程。

👑 牛奶在端上餐桌前，都要经历哪些奇妙冒险呢？第一步就是挤奶，要先给奶牛"洗白白"，再扣上真空的挤奶杯。"咕咚，咕咚"，牛奶就顺着密封管道流进储奶罐里啦！

👑 接着要对牛奶进行均质加工。巨大的机器"轰隆隆"搅拌，将牛奶中的脂肪粒击碎，使它们均匀混合在牛奶中，让牛奶保持稳定的浓度。

超高温灭菌法

👑 一盒正经的牛奶，没有包装怎么能行？而且一定得用无菌包装哟！

👑 最后是灭菌环节，可以选择巴氏灭菌法，低温灭菌半小时；也可以用超高温灭菌法，快速加热4秒，更加"稳、准、狠"。

03 键盘上的字母排序真的是来捣乱的？

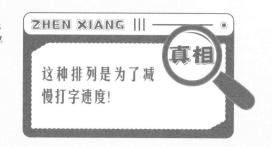

打字五分钟，修键盘俩小时。

早期的键盘打字太快时会被卡住，因此只能打乱字母顺序，降低打字速度。

键盘上的字母排序对于"强迫症"者太不友好了！有人甚至想把所有字键抠下来，按照"ABCDE……"重新排列！你有没有过这样的想法呢？

要的就是没效率！

这种安排方式非常没效率！

👑 告诉你，最早的键盘采用的就是"ABCDE……"顺序！敬业的打字员太熟悉这个顺序了，打字速度就会快到飞起，导致字键没有充足的时间回弹，总会被卡住！

👑 怎么降低打字速度，保护键盘呢？美国人肖尔斯瞧着自己的手指，突然想到个好办法！他设计了一款新式键盘，让灵活的食指负责"V、J、U"等不常用的字母，不灵活的小拇指和无名指负责"O、S、A"等常用的字母，最大限度地减慢了打字的速度。

辛辛苦苦工作一天，回去要加鸡腿！

👑 有人统计过，一个熟练的打字员用"QWERTY"键盘，8小时内手指移动的距离可达25.7千米，超过半程马拉松！打字速度虽然减慢了不少，但的确是够累人的！

燃气灶的蓝火苗竟然来自几亿年前！

04

天然气埋藏在深深的地下，是古生物遗骸被分解产生的，燃烧时呈现漂亮的蓝色。

妈妈"啪"的一声打开燃气灶，灶眼里冒出了蓝色火苗。聪明的你也许知道那是天然气在燃烧，但有没有想过：天然气是从哪里来的呢？

♛ 亿万年前，地球上生活着大量动植物，它们死后，遗骸埋在地下，慢慢变成了石油。与此同时，一种神奇的气体——天然气也相伴产生了，它的主要成分是可燃气体甲烷。

♛ 给地层开一个小口时，天然气就会"噗噗噗"冒出来啦，工人们只要将它们收集起来，去除杂质气体，就可以送入专门的管道，进行运输啦！管道运输既方便又便宜，是天然气的最理想"交通工具"。

♛ "叮咚"！天然气到达了燃气公司，可以立刻送到你家里吗？当然不行！必须先在里面加入一种臭烘烘的物质——四氢噻吩，这样一旦发生燃气泄漏，人们就能第一时间察觉到！

05 水龙头的另一端连接着怎样的世界？

自来水厂会在水库中抽取干净的水，进行
过滤、消毒，再通过自来水管道运到各家。

走，快去做自来水！

河水
雨水

打开水龙头，自来水就"哗哗哗"地流出来，你
想不想变成一只水精灵，爬进水龙头里，看看它的另
一端究竟连接着怎样的世界？

👑 你会一路来到遥远的水库，那里是自来水的
水源，大多是人们从河水和雨水中"截获"的。自来
水厂用水泵将这些水抽走，放入大大的水池。

👑 巨大的机器开始过滤，先去除"大块头"沙石；再加入一种
神奇的药，让水里的脏东西"抱成一团"；最后加入氯气，给水消毒。
这样，就得到"持证上岗"的干净自来水啦！

👑 高压水泵将自来水注入水管，它就坐
上通往各家各户的"直通车"啦。

进入 PE 管，
系好安全带。

👑 假如你住的楼层比较高，那么自来水在到达你家
前，还要被引入一个水箱，用高压水泵进行二次加压。
什么？你问住在多少层算高？当然是 7 层以上啦！

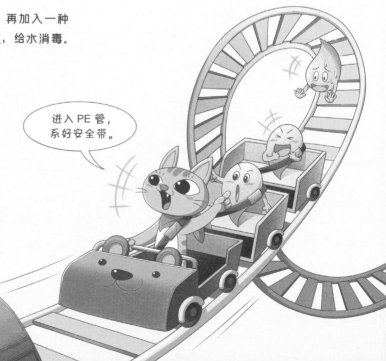

哈哈镜里的搞笑小人儿从哪儿来的？ 06

哈哈镜的表面不是平的，而是一块凸、一块凹的，这种造型使光发生了奇怪的反射。

游乐场里常有一种搞笑的镜子，站在它前面，不管多漂亮的人都会被照成身体变形的"丑八怪"，滑稽的样子让人哈哈大笑！

👑 正因如此，它有一个搞笑的名字——哈哈镜。哈哈镜的发明者是查尔斯·里奇，他本是一名飞行器发明家，但总想弄点搞笑的东西出来。于是在 1878 年，哈哈镜诞生了！

👑 在家也能自制哈哈镜，你相信吗？找一个亮晶晶的不锈钢汤匙来，用它的背面照一照自己的脸，你会发现脸变得很小。因为汤匙的背面是一个凸面镜。

👑 将汤匙反转，用它的正面照一照自己的脸，你会发现脸变得很大，还会倒过来。因为汤匙的正面是一个凹面镜。

👑 哈哈镜就是凸面镜和凹面镜的组合。如果你将两个汤匙一个正面、一个背面地摆在一起，就能形成一面小哈哈镜啦！不过要形成游乐场里的那种大哈哈镜，至少得用一千个汤匙！

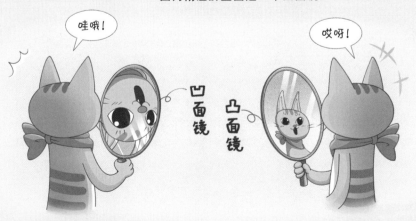

07 最早的交通信号灯为什么不是红、黄、绿三色的？

真相

最早的信号灯只有红、绿两个颜色！

最早的交通信号灯只有两个颜色的灯，红灯代表禁行，绿灯代表通行，代表警示的黄灯是后来加上去的。

哼！

你……你好。

假如你穿越时空，来到19世纪的英国，走在街上时一定要多加小心，因为那时街上还没有交通信号灯，你很有可能被飞驰而来的车辆撞飞！

♕ 这可愁坏了英国交通部门！有一天，他们注意到女人们有趣的衣着颜色：已婚的女人喜欢穿红色，未婚的女人喜欢穿绿色。用这两种颜色指挥交通的想法立刻产生了！

♕ 不说不知道，最早的交通信号灯竟然是"手动挡"！两盏煤气灯外面分别套着红色、绿色的玻璃罩，由一名警察站在灯柱下，拉动皮带转换灯的颜色。

当一天交警，拉一天灯。

警犬

♕ 黄灯是怎么出现的呢？这要归功于中国学者胡汝鼎。他在美国时，有一天过马路，信号灯刚一变绿，就有一辆等不及的汽车从他面前飞快驶过，差点撞到他。"这多危险呀！"胡汝鼎想，于是他向美国交通部门申请，在红灯和绿灯之间加一个"黄灯"，提示人们"马上就要变灯啦"！

不起眼的小小拉链竟然改变了世界!

拉链轻便好用,使用范围广,它身上还有着奇妙的力学原理呢!

你是不是也生过鞋带的气?系鞋带本来就够麻烦的了,走路的时候它还总会散开,蹲下来系鞋带还容易被人当成皮球踢上一脚!

👑 拉链的发明者——美国人贾德森也受够了这样的生活,他的梦想就是拥有一双能"唰"的一下合上的鞋子。于是,发明拉链的想法产生了!

👑 可别瞧不起小小的拉链!仔细观察你会发现,拉链左右两边的链齿一边高、一边低,拉头里还有一个呈"Y"字形的沟槽。向上拉时,沟槽会把一排链齿压在另一排上面,就像两队行人汇成一队一样。

行走顺序听我指挥!左链齿—右链齿、左链齿—右链齿,不要出错!

👑 当你想拉开拉链时,拉头里朝下的小尖角就要开始工作啦!尖角与链齿的接触面积很小,轻轻一拉就能产生很大的力量,将紧紧锁在一起的链齿分开!

方便又快捷!

👑 贾德森的发明给了人们更多"偷懒"的机会。人们将皮包的扣锁换成拉链,将衣服的纽扣换成拉链,甚至将拉链用在了航天、医疗、军事领域。小小的拉链改变了世界!

09 静电火花为什么是冬天的"明星"？

冬天人体更容易产生静电！

干燥的冬天，人体更容易积累静电。
一旦摸到金属导体，静电就会飞快释放，
甚至产生电火花。

你喜欢冬天吗？在冬天，可以溜冰，还能堆雪人、打雪仗。但是，妈妈一定告诉过你，冬天摸门把手和电梯门时千万要小心，不然就会"啪"的一声，被静电电得手指生疼！

静！电！啊！|||

已充电
95%

👑 你也许会问："为什么冬天静电这么多？"在这之前，我们先来了解一下肉眼看不到的"小不点儿"——原子。原子家里有一群带电的电子，不过电子们很不听话，一个不开心就"离家出走"，跑到别的原子家里去。失去电子的原子带正电，得到电子的原子带负电。

👑 干燥的冬天，人体很容易失去电子，带上正电——也就是我们说的静电。而衣服、鞋子这类绝缘体将静电储存在人身上，这时，我们就变成了一只充满静电的大电池。一旦碰到了门把手、电梯门这类金属导体，静电就会快速向它们转移，"啪"的一声，产生电火花，并让你痛得大叫！

玻璃的"爸爸"竟然是地上的沙子！ 10

最早的玻璃是由沙子和苏打块烧制，经过高温加热、煅烧形成的，大都比较浑浊。

> 怎么回事？

你有没有觉得，我们生活在一个玻璃的世界中？玻璃窗户、玻璃杯子、玻璃摆件……这么多的玻璃，到底是从哪儿来的呢？

👑 说来你也许不信，最早的玻璃是用地上的沙子烧成的！4600 年前，一群腓尼基人将苏打块垫在沙滩上，生火做饭，一餐结束，他们发现锅底竟然粘着一些亮晶晶的东西——那就是最早的玻璃。

👑 用苏打块和沙子烧制玻璃的方法流传开来，但是那时制作出来的玻璃还很浑浊。一个威尼斯人突发奇想，将草木灰倒入熔化的玻璃液中，"咻"——奇迹发生了！玻璃液变清澈啦！

> 草木灰，快显灵！

草木灰

> 你很弱唉！

防弹玻璃

嗖

嗖

👑 如今，人们用石英砂、石灰石、纯碱等材料做出更纯净、种类更多的玻璃。防弹玻璃、玻璃光纤、天文望远镜的镜片……玻璃的身影甚至出现在高科技领域。想一想，你的身边还有哪些特殊的玻璃呢？

11 玉米粒为什么个个都是"暴脾气"？

玉米粒在高温高压下，里面的水分会变成大量水蒸气，"砰"的一声，撑开玉米粒坚硬的外皮。

好吃！

去电影院看电影的时候，什么东西是必不可少的呢？当然是可乐和爆米花！爆米花机器一圈圈转动，里面的玉米粒纷纷爆开，你是不是已经馋得流口水了？

👑 其实早在1500多年前，北美洲的印第安人就开始享用爆米花了。他们将玉米粒放在大锅里，扣上盖子加热，就得到了最原始的"小零食"。

想要自制爆米花，得找爸爸和妈妈。

👑 我们现在依旧可以用同样的方法，利用家用平底锅自制爆米花。当然，放一些黄油和糖会更美味哟！

生气中……

我怎么爆开了？

👑 为什么玉米粒的脾气那么大，一加热就"开花"呢？因为玉米粒中有很多水分，在高温高压下，这些水分变成水蒸气，将玉米粒坚硬的外皮越撑越大。最后，玉米粒就像一只充满气的气球，"砰"的一声爆开啦！

柿饼上的那层白霜是脏东西，还是好东西？

12

柿饼在晾晒时，里面的糖和水分会渗到外面来，水分蒸发后，就剩下了白色的糖霜。

要先洗一下吗？

你爱吃柿饼吗？从盒子里拿出一块胖胖的柿饼来，贪婪地咬上一大口，上面的白霜沾得满手都是……你会把这层白霜当成脏东西，在吃之前洗掉吗？

👑 其实完全不必这样做，因为那层白霜实际是糖霜！糖霜为什么会出现在柿饼上呢？看了柿饼的制作过程，你就会明白啦！

👑 能成为柿饼的柿子必须是"柿中精品"，不仅不能有虫洞，还要大小相似。将这些柿子去皮，放在烘干房内烘干。柿子中的水分越来越少，逐渐变成了皱巴巴、软乎乎的柿饼。

这才是我们的终极形态！

我的偶像！

好帅！

👑 将柿饼放在通风的地方，几天后，柿饼就自动穿上了一件糖霜"外衣"。这是因为柿饼中的糖分溶解在水中，随着晾晒渗到了表面。水分蒸发后，糖分无处可逃，最终变成白色的糖霜啦！

👑 告诉你一个小秘密，糖霜是鉴定柿饼好坏的标准之一！如果柿饼上的糖霜不容易掉落，就说明柿饼更优质哟！

13 北方冬天的"小火炉"是怎么送温暖的?

ZHEN XIANG ‖‖
真相
热力公司和社区都有加热暖气水的系统!

暖气是北方冬季常见的取暖设备,它通过暖气片里的热水给我们送温暖。

好暖和!

寒冬腊月,天气可真冷啊! 放学后你一定想第一时间跑回家去,将冻红的手靠近暖气,好好暖一暖吧! 不过,家里这个滚烫的"小火炉"是怎么来的,你知道吗?

👑 在我国北方,每当冬季来临,暖气就成了人们的"续命神器"。水暖是最常见的一种暖气类型。热力公司先将水进行软化处理,再用煤炭或电力加热巨大的锅炉。"咕嘟嘟"——水被加热到90~130℃; "哗啦啦"——滚烫的水沿着高温供水管,送到你的家门口啦!

再热点! 升到130℃!

危险!

👑 不过,这时的水可不能直接灌入暖气片里,不然暖气片可要变成煎锅啦! 社区内有专门降温的"低温管",能将水的温度降到60~80℃。这个温度的水用来取暖,可以说是刚刚好!

揭秘

"安全线"是为了防止人被"空气大手"推入列车轨道！

高铁的行驶速度飞快，会使空气向列车轨道方向形成巨大的推力，将靠得太近的人"推"入铁轨。

记不记得高铁快要到站时，广播里播报的提示音？"请乘客在黄色安全线以外候车。"这条"安全线"为啥这么神奇，能保障我们的安全呢？

住脚！跨过这里很危险！

👑 给你讲个可怕的故事吧！在 1905 年的俄罗斯，为了迎接沙皇的到来，很多人涌入鄂洛多克车站，围在火车的铁轨旁边。就在火车高速驶过的一刹那，人们觉得背后被狠狠一推，全都跌入了铁轨，34 人当场丧命！

哎哟，谁推我？

👑 这是为什么呢？因为列车通过时速度非常快，会在它周围形成真空。附近的空气跑去填补这部分真空，就形成了强大的推力。这只"空气大手"力大无穷，推动人简直是小菜一碟！

👑 因此，只有离列车远一点，才能避开这只可怕的"空气大手"！就目前的高铁车速来看，2.5 米的安全距离差不多就够啦！

15 冰镇饮料为什么一走出冰箱就会"满头大汗"?

空气里藏着看不见、摸不着的水汽。冰镇饮料太凉啦,周围的水汽一碰到它,就变成小水珠,贴在瓶子表面。

咕嘟嘟

夏天好热呀!刚从户外回来的你满头大汗,好想喝冰冰凉凉的饮料呀!你从冰箱里拿出一瓶冒着凉气的冰镇饮料,"咕嘟嘟"喝了起来。不一会儿,你惊讶地发现,瓶子表面沾满了晶莹的小水珠,这是怎么回事呢?

♛ 空气里到处都有水汽。平时它们很害羞,"隐身"不让我们看到。等到气温变低,这些水汽就会换个"身份",闪亮登场。冰镇饮料很凉,空气里的水汽一碰到饮料瓶子表面,就会立刻液化,变成许多圆滚滚的小水珠。

水汽

不用隐身,我看到你们啦!

WC在哪里!

♛ 冰镇饮料虽然喝起来很爽口,却会刺激肠胃,造成腹泻。如果你不想喝完马上跑厕所的话,一定要慢慢喝哟!

揭秘

全靠神奇的虹吸现象!

小小的马桶里也有大学问!

16

马桶里的水会因为虹吸现象,从高处流向低处,稀里哗啦地冲走污物。

夏天真热! 口渴的你忍不住从冰箱里翻出一根冰凉的雪糕,迫不及待地吃起来。可没过一会儿,你忽然"哎哟,哎哟"地捂着肚子冲进了厕所……

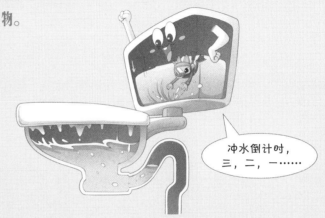

冲水倒计时,三,二,一……

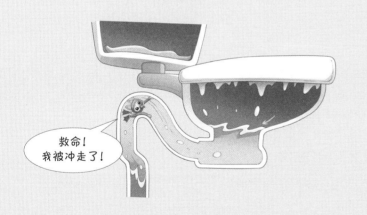

救命! 我被冲走了!

👑 痛快地"一泻千里"后,你按下了马桶的冲水键。这时,你有没有这样的想法:小小马桶,到底是怎么把污物冲干净的呢?

👑 在马桶的底部,有一个奇妙的倒"S"形的管道,按下冲水键时,大量水涌下来,马桶里水面的高度就会超过"S"形的高点,产生虹吸现象!

👑 到底什么是虹吸现象呢?如果你在高低不同的两个水面之间连一根管子,水就会通过管子,从高处流向低处。马桶就利用了这个原理。当水箱里的水流进马桶时,马桶中的水位就会变高,在压力的作用下,水和污物就会"哗啦"一下,被吸进下水道里啦!

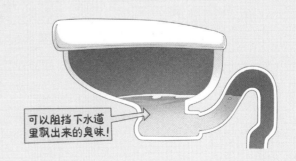

可以阻挡下水道里飘出来的臭味!

17 为了让食物长久保存，人们用了多少小心机？

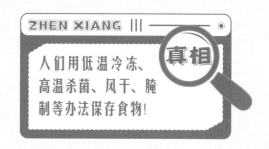

食物腐败是因为微生物繁殖，只要不让微生物捣乱，就可以好好保存食物了。

妈妈做的饭菜真是太好吃了，你的小肚子已经圆滚滚的了！妈妈把剩下的饭菜放进了冰箱里，你看到后，聪明的小脑瓜开始思考：从前没有冰箱的时候，人们是怎么保存食物的呢？

好难闻！

👑 我们都知道，食物放的时间久了，就会变得又馊又臭。这是因为空气里有许多眼睛看不到的微生物，它们会在食物里"安家"，然后"繁衍生息"，让好端端的食物坏掉！

坏蛋！

打！

我知道错了……

👑 想要食物保存得长久，就得不让微生物"为所欲为"。于是，人们想了许多办法，比如用低温减慢微生物"扩张"的速度，用高温杀灭微生物，用风干的方法降低微生物的活性，用腌制的方法抑制微生物生长，等等。

嘿嘿，这块面包归我喽！

微生物 →

👑 被处理过的食物虽然能保存得更久了，但也有一定的保质期。过了保质期，微生物还会卷土重来！

粗粗的树干如何变成薄薄的纸？

18

人们用专门的设备，把树干"打"成浆，经过烘干、裁切等一系列处理，纸就出现了。

造纸工厂1分钟能生产2000米长的纸！

瞧，爸爸给你买了新本子！你高兴极了，想立刻在白白的纸上大展才艺。爸爸却说："考你一个问题：这么薄、这么白的纸，是怎么造出来的？"

👑 早在两千多年前，第一张纸就在中国出现了。等到东汉时，有个叫蔡伦的人，找到了造纸新材料，改进了造纸术，纸家族从此发扬光大。

＋ 造纸术 UP

＋ 造纸术 UP

＋ 造纸术 UP

👑 到了现代，工厂造纸基本用树木。人们先把树干削去皮、切成碎块，再把它们扔到大锅里煮。"咕噜噜"，水开了，碎木头被煮成了白白的木浆。

纸家族

宣纸　A4纸　纸箱　纸抽

👑 人们将木浆过滤，放到机器里压成长方形，挤掉水分。最后，用像压路机一样的机器滚来滚去，把纸压平；用锋利的刀片"咔嚓，咔嚓"，将大纸裁成小块。我们平时写字、画画用的纸就诞生啦！

19 为什么只有"圆圆"的肥皂泡，没有"方方"的肥皂泡？

真相

液体的表面张力让肥皂泡呈现球形！

肥皂水强大的表面张力会将空气牢牢裹住，形成最紧凑、同体积下表面积最小的球形。

爸爸给你做了新玩具——一杯肥皂水。你鼓起腮帮，用力一吹，一串圆滚滚的肥皂泡就在半空中飞舞。不过，为什么这些肥皂泡都是球形的呀？就不能变成别的形状吗？

就是这么Q弹！

👑 那我们就要先知道肥皂泡是怎么形成的。肥皂泡其实就是一团被肥皂水包起来的空气！肥皂水是一种很神奇的东西，它有着强大的表面张力，可以将空气紧紧裹住，就像一只被吹起来的气球！

👑 肥皂泡被吹出后，在空气中不断变化形状，这是肥皂泡外的空气分子和肥皂泡内的空气分子相互作用的结果。最后，两边的空气分子达成一致：要呈现一种最紧凑、同体积下表面积最小的平衡状态！只有球形满足这个要求，所以肥皂泡都是球形的。

Hello！好朋友！！

耶！

空气分子

空气分子

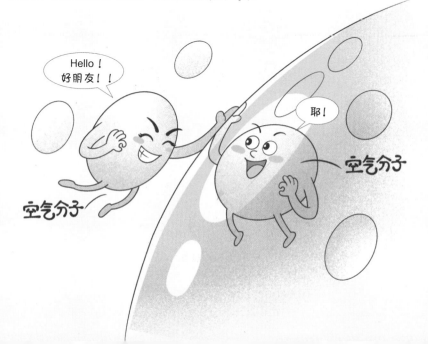

||| TIE MI

揭秘

暖宝宝可以把化学能转化成热能!

暖宝宝是怎么温暖你的? 20

暖宝宝内含有铁粉和氯化钠,与空气接触后,就会产生化学反应而放热,起到取暖的作用。

冬天可真冷啊!你被冻得瑟瑟发抖,还好有取暖神器——暖宝宝!把它贴在羽绒服里,不一会儿,身体就变得热乎乎的了!暖宝宝到底是怎么温暖你的呢?

都是很常见的东西呀!

铁粉

活性炭

蛭石

氯化钠

呜呜!

👑 假如你拆开一个暖宝宝,就会发现里面装着活性炭、铁粉、氯化钠、蛭石等常见物质,也没什么大不了的。不过这些东西一旦相遇,就会产生奇妙的化学反应!

👑 暖宝宝一旦开封,活性炭就会猛"吸"空气中的水汽,变得潮湿。铁粉与潮湿的活性炭接触,并在氯化钠的"煽风点火"下,就会发生剧烈的化学反应,让铁粉变成氢氧化铁。在这个过程中,暖宝宝就会释放热量,给我们带来温暖。

👑 为了让暖宝宝的发热时间变长,人们还加入了蛭石,可以延长保暖时间,让温暖加倍。

发热吧!发热吧!

铁粉

氯化钠

21 肥皂的泡沫越多，洗得越干净吗？

真相

肥皂泡多了，可能会洗得更干净！

肥皂泡可以吸附脏东西，一般来说，泡沫越多，洗得就越干净。但是，如今很多肥皂中加入了新成分，即使泡沫不多也能洗干净。

在外面撒欢儿一整天，你的小手变得脏兮兮的，快去卫生间洗洗吧！抹一点肥皂，许多泡沫冒了出来，脏东西就被这些神奇的泡沫洗掉啦！是不是泡沫越多，肥皂的清洁力越强呀？

好朋友！

别碰我！

水滴

亲水基

疏水基

♛ 要想搞明白这点，我们首先要知道，肥皂为什么会产生泡沫。这是因为肥皂的成分里有很多表面活性剂。构成表面活性剂的一部分是亲水基，能溶在水中；另一部分是疏水基，拒绝与水结合。

♛ 用肥皂洗脏东西时，疏水基就会一拥而上，包裹住脏东西，这也就是肥皂能去污的原因啦！在包裹脏东西时，空气也被裹住了，所以形成了泡沫。

♛ 肥皂泡越多，疏水基就越多，清洁能力也就越强。不过现在的很多肥皂中加入了新成分，即使泡沫不多，也有超强的清洁力！

冲呀！！！

污垢

走不动了！

疏水基

快跑！

桌面上的"小老鼠"从哪儿来的？ 22

早期的鼠标拖着一根长长的线，活像一只小老鼠。近些年来发明了无线鼠标，"小老鼠"没了尾巴，也能继续工作。

书房里，爸爸教你怎么用计算机。哎呀，屏幕上的指针怎么一动不动？原来需要拖动桌面上的"小老鼠"呀！小小的鼠标是怎么操控计算机的呢？

我可不是鼠标。

我看你可一点儿不像鼠标！

我是鼠标……

👑 80 多年前，"鼠标之父"道格拉斯·恩格尔巴特发明了一个带长线、有轮子的木盒子。这个木盒子可以通过移动底部的轮子，带动内部的轴旋转，产生移动的信号，让屏幕上的光标跟随移动。这就是最早的滚轮鼠标。

👑 后来，随着科技进步，光学鼠标出现了。这种鼠标里有一个能发光的二极管，能发出、反射光线。光学鼠标里有一种神奇的感应器件，可以通过光线分析鼠标的移动轨迹，从而操控计算机屏幕上的指针。

👑 近些年，还出现了"没有尾巴"的无线鼠标，它们利用先进的无线电技术工作。

23 USB 接口上的标志，竟然来自罗马神话故事！

USB 接口是为了传输数据和充电而发明的，它从诞生起就被赋予了在全平台通用的使命。

爸爸想把手机上的图片传输到计算机里，就让你拿来数据线。看到数据线的接口上奇怪的标志，你好奇地问："这是什么呀？"爸爸的回答让你大吃一惊："那是三叉戟！"

战斗吧。

👑 没错，USB 图标设计灵感的确来自罗马神话中海神尼普顿的武器——三叉戟！不过，三叉戟的齿尖尖的，看上去很危险，于是设计师就将三根尖齿进行了修改，将左右两根的尖端分别改成了圆形和正方形，就变成我们今天看到的样子啦！

👑 至于为什么数据线既能充电又能传输数据，仔细看一看数据线的构成，你就明白啦！数据线内包裹着四根细细的电线：红线、黑线、白线和绿线。为手机充电时，红线和黑线发挥作用；传输数据时，用到的是绿线和白线。这下，你全明白了吧！

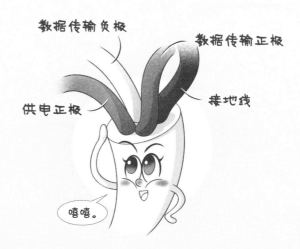

数据传输负极

数据传输正极

供电正极

接地线

嘻嘻。

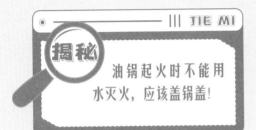

揭秘

油锅起火时不能用水灭火，应该盖锅盖！

用水给起火的油锅灭火，相当于"火上浇油"！ 24

油的密度比水小，把水倒入油锅中，油会漂在水面上，火不仅不会变小，反而会四处飞溅，后果更加严重。

不行！

不好，做菜的油锅竟然起火了！你赶紧端来一盆水，想帮妈妈灭火。妈妈赶紧拦住你，说："油锅起火千万别用水浇！"说完，她用锅盖盖住油锅，过了一会儿，火就熄灭了。好神奇呀！不过，这是为什么呢？

燃起来吧！

哈哈！

👑 油是一种很容易被点燃的物质。做饭时如果不小心，就会让油锅"呼啦啦"燃烧起来，可吓人了！这个时候千万不要惊慌，要知道，火想要燃烧，必须有氧气助攻。只要不让油锅里的火接触氧气，火就会自己败下阵来！

👑 所以，我们可以给油锅盖上盖子，把锅里的火和外界的空气隔绝，火把锅里的氧气耗完，就会自己熄灭啦！

别这样！

开玩笑的，放我出去呀！

👑 水也能灭火，用水浇灭油锅的火可以吗？千万别这么做！油的密度要比水小很多，水倒入油锅，油不仅会浮在水面继续燃烧，还会被水冲得到处飞溅，扩大"地盘"，使着火的范围变大，让火情更严重！

25 为什么冰箱门"砰"的关上后，很难快速打开？

真相

气压差将冰箱门锁住了！

用力关上冰箱门时，冰箱中的一部分空气会被挤出去，使外部气压高于内部，将冰箱门牢牢锁住。

你"砰"的一声关上了冰箱门，突然想起酸奶还没拿出来。就在你想再次打开冰箱门时，却发现无论多么用力拉，冰箱门都一动不动！怎么办？是你关的时候太用力，把冰箱门弄坏了吗？

啊！好响！

砰！

要想开冰箱门，得先过我这一关！

好冷啊……

封

空气

空气

嘘，别告诉别人我跑出来了！

👑 别担心，那只是气压差在捣蛋！要知道，如果一个物体内外的气压不同，高气压的位置会挤向低气压的位置，产生巨大的压力。

👑 当你用力关上冰箱门时，一部分空气被挤了出去，冰箱内部的气压变低了；再加上冰箱里冷，气体被冻得越来越小，气压就更低了！这时你再开门，当然就打不开啦！

👑 不过冰箱门边上有小小的缝隙，外面的空气会从这里慢慢钻进去。过一会儿，内外气压平衡了，冰箱门就能轻松打开啦！

揭秘

因为强抓力经常"不在线"！

娃娃机也有"小心机"，让你抓不到娃娃！

26

商家会将抓手进行"特殊"设置，使抓手抓起娃娃几秒后，强抓力突然下线，娃娃就掉下去了。

商场的娃娃机里有好多可爱的娃娃呀！爸爸往娃娃机里投了币，很轻松地抓起了一个，可几秒后，娃娃掉了下去，接连几次都是这样！你感到很生气：娃娃机是不是存心不想让你抓到娃娃呀？

马上就出来了！

再见啦！

再见！

这……就是娃娃机的终极秘密吗？

维修

👑 娃娃机当然不会思考，不过它的商家可有自己的"小心机"！商家会设置娃娃机抓手的抓取力度，让它在抓起娃娃几秒后，突然失灵。这样，好不容易抓上来的娃娃就掉下去啦！

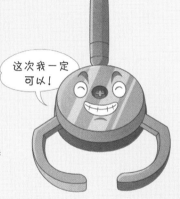

这次我一定可以！

👑 不过，也不能永远让你抓不到娃娃呀！仔细观察你会发现，娃娃机抓手的强抓力会有一个循环，比如在 15 次中，强抓力会"持续在线"一次，这就是你抓到娃娃的最好时机！

还没看过瘾？那就继续吧！GO！

♛ 为什么不能用水果代替蔬菜？

水果中虽然也含有维生素，但营养的构成比较单一。蔬菜中除维生素外，还有番茄红素、叶绿素、生物碱等物质和钙、钾、镁、磷、铁等矿物质。所以，多吃蔬菜、少吃水果不会影响健康；相反，只吃水果、不吃蔬菜就会有碍健康！

♛ 为什么不能用茶水服中药？

茶水中含有一种叫鞣酸的物质，它会与一些中药中的蛋白质、生物碱发生中和反应，使药效减弱。虽然有些中药不与鞣酸发生反应，但我们很难分清具体是哪种。所以还是用白开水服中药最稳妥。

♛ 什么是"北京时间"？

"北京时间"是中国采用的标准时间。北京在东经116.4°，属于东八时区，所以"北京时间"即是东八时区的区时，与"世界时"相差 8 小时。中国幅员辽阔，国土从东到西共跨 5 个时区。

♛ 什么是"夏令时"？

英国人本杰明·富兰克林曾提出"日光节约时制"，在这一制度实行期间采用的统一时间称为"夏令时"。一般在天亮得早的夏季，人为将时间提前 1 小时，使人早起早睡，以减少使用照明，节约用电，等夏天过去后再把时间调回去。中国在1986—1991 年也曾采用过夏令时。

♛ 蒙古人为什么要住蒙古包？

蒙古人是游牧民族，蒙古包很适合游牧生活，它搭盖迅速、拆卸容易，搬迁起来也很轻便。另外，蒙古包可以随意扩大和缩小，一个人住或一家人住都可以，特别方便。

♛ 扇扇子为什么使人感觉凉快？

扇扇子虽然不能降低气温，但会加快空气的流动，从而使人体的汗水快速蒸发。蒸发的汗水会吸收人体的一部分热量，所以我们就感觉到凉快啦。

♛ 被子为什么要经常晒？

被子盖的时间长了，上面会有很多空气中的灰尘、人体的皮屑、细菌、螨虫等微生物，这些东西可能会使我们过敏。阳光中的紫外线有杀菌作用，能将细菌与螨虫杀灭；晒后抖一抖，还能去除灰尘和皮屑。

♛ 为什么有的花不宜放在卧室内？

花草虽然能美化环境、白天造氧，但是有一些"只可远观"，不能放在卧室内。比如，郁金香、含羞草中含有毒碱；百合、栀子花香味过重，会造成失眠；滴水观音全株有毒。想在卧室内养花，还需要好好了解一下哟！

♛ 保温杯为什么能保温？

保温杯的杯壁一般由双层不锈钢构成。两层不锈钢中间为真空，不易导热，内部的热量散不出去，外壁摸上去也不会烫手。保温杯的盖子一般用导热性较差的塑料制成，增强了保温效果。

♛ 酸奶是牛奶放坏了吗？

酸奶是牛奶发酵而成的。在牛奶中加入乳酸菌，在一定的温度下，乳酸菌会分解牛奶中的乳糖，产生乳酸，从而使牛奶凝固起来，并带有酸味。

♛ 下雪后为什么要在马路上撒盐？

在雪上撒盐后，融化的雪就变成"盐水"。盐水的凝固点比水要低，因此雪更易融化。但是，撒盐除雪会破坏路面、恶化土壤，因此现在很多地方已经不采用这种除雪的方法了。

游泳时为什么要戴泳帽？

第一，可以防止头发掉进游泳池里，弄脏池水；第二，泳帽的颜色鲜艳，一旦有人溺水或发生危险，会被第一时间发现；第三，戴上泳帽之后受到水的阻力小，游泳速度更快。

行驶中的自行车为什么不倒？

具有一定转动速度的物体都受到一种神奇的力，这种力使物体保持前进的方向，而不向两侧倒。自行车车轮转动起来时，这种力就出现了，自行车只要向前行驶，就不容易摔倒；可是一停下来，这种力就消失了，车子就会倾倒。

为什么要少吃油炸食品？

第一，油炸时的油温通常为150～300℃，在这样的高温下，营养物质会被破坏，使食物的营养价值大打折扣；第二，高温会使油脂变性，如果重复使用这些油，会产生正烷烃、酚类等有害化合物；第三，油炸食品会产生苯并芘等致癌物，危害我们的身体健康。

香蕉为什么不宜放进冰箱保存？

香蕉是一种热带水果，比较怕冷，需要在12℃以上的环境中保存。冰箱冷藏室的温度一般为4～8℃，在这个温度下，香蕉的果皮会发生凹陷，出现黑褐色的斑点，并逐渐腐烂。

大城市为什么要修建地铁？

大城市人口众多，如果人们都开车出行就会造成拥堵，浪费时间和资源。地铁可以将一部分出行的人带入地下，有效分流，减少地面交通的压力。另外，地铁还能拉动沿线地区经济发展，提高城市居民的生活质量。

车轮为什么都是圆形的？

圆的圆心到圆上任意一点的距离都相等。车轮做成圆形就利用了圆的这一特点，这样当车轮在地面上滚动时，车轴与地面的距离就能保持不变，让车平稳地行驶。

为什么穿羽绒服会觉得暖和？

羽绒服里面有很多蓬松的绒毛，它们能把衣服里的空气锁住。被锁住的空气不能流动，就在衣服里形成"保护层"，既能阻止人体的热量向外跑，又能挡住外面的冷风。

为什么不能在大树下避雨？

打雷时，强大的电流会通过大树流入地下，向四周扩散，这时大树附近就具有很强的电压。如果此时人在附近，这个高电压就会直接作用到人体上，将人击倒、击伤，有时甚至会危及生命！

为什么不能用湿手去碰电源开关？

水是一种导体，人的皮肤在干燥时电阻大，一旦被水弄湿，电阻就会变小。在电压不变的情况下，电阻越小，通过人体的电流越大，对人造成的伤害就越大。

为什么睡前玩手机会让人越玩越精神？

手机会放射出蓝光辐射，刺激人的视网膜。在这种刺激下，大脑会产生"天亮了"的错觉，并阻止人体内的松果体释放帮助睡眠的褪黑素。缺少褪黑素的助眠，人自然就睡不着觉了！

为什么不要熬夜？

熬夜的危害极大，长期熬夜会造成人体免疫力下降，引起多种疾病。熬夜后第二天的精力也会受到影响，精神会无法集中，甚至会导致头痛、记忆力下降等。

为什么有的硬币边缘是锯齿形的？

硬币边缘的锯齿叫作边齿，是牛顿设计的。当初英国铸的硬币只有中间的币值标志，四周没有特殊记号，有些人就会将硬币偷偷剪掉一圈后继续使用，用剪下来的部分制造新的硬币。为了防止这种盗剪行为，牛顿发明了边齿设计。

♔ 为什么虾煮熟了就变成红色？

在虾的甲壳下面，散布着很多色素细胞，这些色素细胞中有很多虾红素。煮虾的时候，虾壳下面的大量色素细胞被高温分解，而虾红素禁得起高温的"考验"，不会被破坏。

♔ 鸡蛋为什么不能整个放入微波炉里加热？

鸡蛋本身是一个封闭的物体，在用微波炉加热时，巨大的热量会聚集在鸡蛋内部，使蛋壳里的空气不断膨胀。如此一来，鸡蛋的内部压力越来越大，可能引起可怕的爆炸！

♔ 北方冬季为什么要给车辆安装雪地胎？

北方的冬季天气寒冷，容易结冰，下雪后路面又非常滑，车辆很容易侧翻或刹不住车。雪地胎质地较软，外胎有较多横纹，可以加大轮胎与地面的摩擦力，防止车辆打滑、侧翻。

♔ 为什么柿子不能和螃蟹一起吃？

柿子中含有鞣酸，螃蟹含有大量蛋白质，鞣酸会使蛋白质凝固，堆积在胃中，不易排出。时间久了，有些人会产生呕吐、腹痛、腹泻等症状，甚至形成胃结石。

♔ 为什么滴水可以穿石？

水滴虽然看起来无足轻重，但是在重力的作用下，它从高处落下也具有一定的力量，这种力量长时间作用在石头的某一点上，就会形成明显的凹陷。同时，自然界中的水一般呈酸性，会和石头中的碳酸钙发生反应，腐蚀石头。

♔ 为什么地面上滚动的球会慢慢停下来？

因为地面不是完全光滑的，球滚动时会受到摩擦力的阻挡，使球越滚越慢，最后停下来。不过，用同样的力度踢球，它在光滑地面上滚动的距离会比在粗糙地面上远得多。

♔ 为什么在强光下看书伤眼睛？

像阳光这种强光会让瞳孔持续收缩，使眼睛很快疲劳，导致头昏、眼花。另外，阳光中的紫外线也会伤害眼睛的健康。如果一直在强光下看书，就会对眼睛造成严重伤害，导致视力下降！

♔ 为什么下水道井盖都是圆形的？

圆形的井盖不容易发生倾斜，就算踩到了它的一边，也不容易翘起来。另外，圆形的井盖在安装时比较方便，不用调整角度对齐。

♔ 为什么乘车时要系安全带？

车辆在紧急制动或发生碰撞时，安全带能将乘车人员牢牢"拴"在座椅上，使人不会随着惯性飞出去，撞到挡风玻璃或前排座椅上，可在一定程度上保证乘车人员的安全。

♔ 为什么东北人爱吃酸菜？

酸菜是东北地区特有的美食，受到很多东北人的喜爱。东北地区的冬季寒冷而漫长，在交通不发达的过去，冬天经常吃不到蔬菜。所以人们将秋天丰收的白菜进行腌制，做成酸菜，不仅可以长时间存放，又能搭配多种食材，做出不同风味的菜品。

♔ 为什么不倒翁不容易倒？

不倒翁的质量分布不均。它的上部非常轻，质量主要集中在底部。当我们把不倒翁推倒后，较重的底部会快速把较轻的上部拉回原位，不倒翁也就不会倒了。

♔ 为什么四川人爱吃辣椒？

四川位于盆地地区，雾气大、阴雨多、湿气重，日照时间特别少，让人觉得很不舒服。而吃辣椒能使人发汗，排出体内湿气，因此几百年来，四川人就养成了吃辣椒的习惯。

♔ 为什么不能暴饮暴食？

人的胃容量是有限的，如果一下子吃了太多东西来不及消化，就会造成胃"超负荷运转"，导致消化系统紊乱，轻则导致消化不良、腹胀不适，重则造成急性肠胃炎等疾病！

孔明灯为什么能飞起来?

制作孔明灯的材料很轻,下面的支架上固定有蜡烛。蜡烛点燃后,孔明灯内部的空气被加热,发生膨胀,从孔明灯内部"流"出去。这时孔明灯内部的空气密度减小,产生了一个强大的浮力,将孔明灯"送"上了天。

食盐放到水里为什么会消失不见?

食盐由钠原子和氯原子构成,把食盐放入水里会产生钠离子和氯离子,它们不断运动,进入水分子之间,食盐就消失了。

早餐吃粥为什么对身体好?

你的胃经过一夜的蠕动、消化,第二天早上会处于"空虚"状态,这时如果吃生冷、坚硬的食物,会对胃造成刺激,因此需要吃些软糯、温暖的东西,粥刚好满足这个要求。而且粥里含有丰富的维生素、矿物质和纤维素,十分有营养。

为什么车辆突然制动时我们总会"深鞠躬"?

车辆在高速行驶时,我们的身体和车保持相对静止状态,一起向前高速运动。当车辆突然停止时,我们的身体因为惯性不会马上停下来,仍然要向前运动一小段距离,所以突然制动时,我们的身体会向前倾。

蜡烛燃烧后为什么会消失不见?

蜡烛是用石蜡制成的,石蜡受热后会变成可燃性的气体。我们看到的蜡烛燃烧其实是石蜡蒸气在燃烧。燃烧后生成的二氧化碳和水进入空气中,所以蜡烛会越烧越短,最后完全消失。

为什么打针的时候要擦酒精?

我们都知道,细菌无处不在,皮肤上当然也会有细菌。如果用针头刺破皮肤,细菌就可能进入身体,引起感染。不过,细菌在高浓度的酒精中是不能生存的,打针前擦点酒精,是为了预先给皮肤消毒。

"八小时工作制"是怎么来的?

最早提出"八小时工作制"的人是 18 世纪后期的英国人罗伯特·欧文。他认为在一天的 24 小时中,应该用 8 小时工作、8 小时消遣、8 小时睡觉。后来福特汽车公司采用了他的构想,使工作效率大幅提高。"八小时工作制"就这样被人们接受,并一直沿用至今。

为什么一天要吃三顿饭?

吃进胃里的食物大约需要 5 小时才能排空,也就是说吃完饭 5 小时后,我们就会感觉饥饿。所以我们需要大约 5 小时吃一次饭,这样算下来,早上七点、中午十二点、晚上五点吃三顿饭最合理。

运动后为什么食欲好?

运动时呼吸加深,使膈肌大幅度运动,按摩了胃肠,有助于消化。另外,身体在运动时消耗了大量养分,代谢加快,因此身体更迫切地需要从食物中吸收营养,来满足人体的需要。

为什么一周有 7 天?

一种观点认为,一周为 7 天是古人根据月亮的圆缺规定的。月亮由满月到半圆月、半圆月到月消失、月消失到半圆月、半圆月到满月,平均时间都是 7 天,所以人们把 7 天定为一周,一个月有 4 周。

为什么不能在风口睡觉?

睡觉时身上的汗毛孔都打开着,不断散发热量。这时如果被强风吹到,皮肤就会因为受凉收缩,将汗毛孔强行关闭,产生"闭汗"现象,使身体中的热量散发不出去,轻则感冒发烧,重则使面部肌肉瘫痪,导致嘴歪眼斜!

为什么说"一天一个苹果,医生不找我"?

苹果中含有丰富的糖类、有机酸、维生素、矿物质等多种营养物质,被科学家称为"全方位健康水果"。每天坚持吃一个苹果，可以补充人体所需的很多营养元素，对我们的健康非常有好处。

为什么学生要放寒暑假？

在我国，一般7—8月最热、1—2月最冷，放寒暑假可以让学生避开最热、最冷的天气，利于学生的身体健康。此外，经过一个学期的学习，学生感到很疲劳，于是就给了他们长长的寒暑假，让他们充分休息。

为什么睡觉时会流口水？

人无时无刻不在分泌口水。睡觉时，有时会不自主地用嘴巴呼吸，嘴巴张开，口水就会流出来。另外如果喜欢趴着睡、侧卧睡，嘴就可能被压得张开，口水也会流出来。

为什么每个人的声音都不同？

声音具有音量、音调、音色三大要素，其中音色是区别不同声音的主要因素。人能够发声主要是靠声带和喉腔的共振，每个人的喉腔形状都不一样，声带的厚薄程度也不一样，发出的声音自然就不一样了。

过年为什么要放鞭炮？

传说古时候有一种叫"年"的怪兽，每到除夕之夜就会来到人间作乱。人们发现"年"害怕爆炸声和火光，于是就形成了在除夕之夜放鞭炮的习俗。

为什么过年要给小孩子压岁钱？

相传古时候有一种叫"祟"的小妖，喜欢在过年的时候摸熟睡小孩的头，偷走小孩的思想，让小孩变傻。于是大人们就把能辟邪的铜钱放在孩子的枕边，用来压"祟"。因为"祟"与"岁"同音，后来就渐渐形成了"压岁钱"的习俗。

端午节为什么要吃粽子？

端午节吃粽子是为了纪念爱国诗人屈原。相传在五月初五那天，屈原怀抱大石投汨罗江，人们为了不让鱼虾伤害屈原的躯体，就把米饭用蕉叶裹住，投入江中喂鱼虾。从此以后，就流传下吃粽子的习俗。

中秋节为什么要吃月饼？

古代人在中秋节有祭月的习俗，月饼原本是祭月的一种供品，一开始在皇宫中流行，后来流入民间。另外，月饼圆圆的，被认为是阖家团圆的象征，慢慢就进入了中秋节的"必吃榜"。

为什么光阴要按"寸"量？

我国古代有一种叫"日晷"的计时器，上面有12个刻度，分别代表12个时辰，中间有一根指针，指针的影子会随着太阳的移动在刻度间一寸寸移动。所以人们会用"寸晷"代表一小段时间，"寸"也就变成了光阴的代名词。

为什么人们爱在大门口放两个石狮子？

狮子是古人心中驱魔避邪的瑞兽，将狮子立在大门口是希望它们能够镇宅、避邪。古代很多宫殿、王府门口都有石狮子，这是权势和尊贵的象征。

十二生肖里为什么没有猫？

十二生肖的说法在汉代早期已经定型，而家猫这种动物是几百年后才引进中国的，所以并不是古代人"偏心"，而是他们根本没养过猫！

最早的爆竹竟然真的是竹子！

最早的爆竹产生于2000多年前，那时还没有火药和纸。人们把竹子放在火里，烧得"噼噼叭叭"作响，以驱赶瘟神、鬼怪。火药出现后，人们将硝石、硫黄和木炭等用纸卷起来燃放。

身份证号码中为什么会出现"X"？

身份证号码有18位，前6位是行政区划代码，第7～14位是出生日期码，第15～17位是顺序码，第18位是校验码。校验码从0～10中选择，如果刚好是10,为了保证总位数是18位，就用"X"代替。

BOOM！
体验科技大爆炸

01 第一台电子计算机竟然比五头象还重！

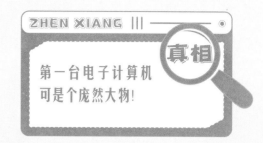

它太重了！

ENIAC
计算机

我掉下来了！

1946年，世界上第一台电子计算机诞生于美国，它重达28吨，是当之无愧的"巨无霸"。

你一定有过在家上网课的经历吧！你用的是什么样的计算机呢？现在，计算机变得又轻又薄，能很轻松地装进书包。但是你知道吗？计算机界的"老前辈"，可比五头象还要重呢！

👑这位"老前辈"就是世界上第一台电子计算机——ENIAC！它于1946年诞生在美国，用了17840个电子管，占地面积为170平方米，重28吨！它不仅体积巨大，造价更是高达40多万美元！不过这台计算机并不是家用的，而是专门供军方使用的。

ENIAC
计算机

我们都是计算机！

👑ENIAC出现后，全世界开始对计算机感兴趣，展开了一场轰轰烈烈的科技革命！在之后的近80年里，计算机变得质量更轻，体积更小，价格更便宜，功能更丰富……你来猜一猜，今后的计算机会变成什么样的呢？

揭秘 冰箱的冷冻、冷藏技术不比南极洲差!

一个小小的"南极洲"竟然就在你的家里! 02

冰箱以电为能源、以氟利昂为制冷剂,通过压缩机、蒸发器、冷凝器等部件实现制冷。

炎炎夏日,烈日当空,当你热得大汗淋漓时,从冰箱里翻出一根冰凉的雪糕吃,真是太棒了! 但你有没有想过,为什么外面是"炙烤状态",冰箱里却那么凉爽,还能结冰呢?

南极洲!

我的冰箱呢?

融、融化了……

👑 别急,让我们从冰箱的"老祖宗"说起! 低温是保存食物的好方法,早在公元前2000年,两河流域的居民就开始利用冰块保存肉类了! 不过那时,夏天里的冰块不仅难得,而且"储藏大半年,使用五分钟",效率低得让你无法想象!

👑 到了近代,人们开始探索一条新的制冷之路——化学制冷法。1879年,德国人林德将自己发明的冷冻机装在一个大箱子上,发明了世界上第一台家用冰箱。

氟利昂! 开始制冷啦!

👑 现在,我们家里的冰箱一般用氟利昂作为制冷剂。冰箱压缩机将氟利昂"推"入冰箱里的管道,氟利昂吸收冰箱里的热量,然后通过冷凝器被"吐"到冰箱外面的管道。这样,冰箱里面就永远是"南极洲"的冰冻状态啦!

03 飞机明明那么重，咋能"嗖"地飞上天？

是发动机推力和气压共同作用的结果！

飞机的特殊造型使飞机上、下方的气压不同，形成了一个巨大的升力。同时，飞机的发动机还会产生强大推动力，辅助飞机"上天"。

哇！机场里停着好多飞机，它们的"肚子"里装满了乘客和行李！巨大的飞机跑着跑着，就"嗖"的一下子飞起来了。奇怪！飞机又没扇动"翅膀"，是怎么像小鸟一样自由飞行的呢？

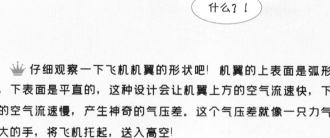

这是我们的远远远远远房表亲吗？

什么？！

自由飞翔。

气压之手

飞喽！

👑 仔细观察一下飞机机翼的形状吧！机翼的上表面是弧形的，下表面是平直的，这种设计会让机翼上方的空气流速快，下方的空气流速慢，产生神奇的气压差。这个气压差就像一只力气极大的手，将飞机托起，送入高空！

要想飞得好，发动机不能少！

👑 虽然气压差能托起飞机，但不能让它前进，这时就要看发动机的本领了！发动机是飞机的"心脏"，它"轰隆，轰隆"作响，产生强劲的推力。这样，飞机就能用比高铁、轮船快得多的速度，将乘客送到目的地啦！

揭秘 计算机病毒是一串能让计算机"生病"的指令或代码!

计算机病毒和感冒病毒是一回事儿吗？ 04

计算机病毒是一种程序代码，会通过网络、文件等传播。

离计算机远一点儿！不许感染它！

我只想上个网课……

消毒液

病毒

爸爸的计算机坏了，怎么也不受控制，维修工叔叔说计算机中病毒了！你可能会有些奇怪：只听说病毒会让人生病，没想到连计算机也会被"感染"呀！

👑 计算机病毒跟自然界里的病毒根本就是两码事！它没有危害人类健康的本事，只会在计算机中大搞破坏！

👑 计算机病毒的本体其实是一串代码或指令。我们在使用计算机时，如果不小心浏览了不靠谱的网页、下载了来历不明的软件或点击了坏人发送的链接，都有可能让计算机"中毒"！计算机病毒会让计算机功能受损、存储的文件全部"报废"，甚至导致计算机瘫痪！

我的文件……全都损坏了……

有我在，没病毒！

杀·毒·软·件

👑 要想让计算机"健康强壮"，我们一定要控制自己的手，不要进入危险网页、点击可疑文件，并在计算机上安装杀毒软件。这样才能创造绿色、健康的上网环境！

05 吸尘器的"肺活量"有多大?

啊!厉害!

小菜一碟!

现代吸尘器的体积很小巧,密闭壳子里的电动机能产生吸力,把灰尘吸走。

大扫除的日子到啦!你和爸爸、妈妈一起"洗刷刷",地面上很快就积起了一层厚厚的灰尘。妈妈拿来吸尘器,不一会儿就把地上的灰尘全吸光了。吸尘器怎么有这么大的"肺活量"呢?

👑 早在1901年,英国工程师布斯就发明了除尘器。不过那时还不是"吸尘",而是"吹尘"。在反复试验后,布斯的设计终于走上了"吸尘"的正确道路。

我觉得这好像不太对!

我是居家必备!

清洁小帮手

👑 现代吸尘器可分为三个部分:动力系统、吸嘴及过滤部分。电动机是吸尘器的动力"源泉",也是决定它"肺活量"的关键。接上电源后,电动机就会快速转动,产生强劲的吸力;吸嘴是吸入灰尘的通道。这些灰尘会被吸尘器内部的过滤网拦住,如果灰尘积满了,只需要把过滤网卸下来,清洗一下就可以啦!

炎热的夏天，空调是如何给你"续命"的？ 06

空调利用制冷剂吸收室内的热量，再将它转移到室外，这样屋子里就变凉快了。

好凉快！

炎热的夏天到了，屋子里又闷又热，好难受呀！一旦你打开家里的空调，就有凉爽的风吹拂，真舒服！空调可真是夏天的"续命神器"，它是怎么把房间变凉爽的呢？

少了谁也不行！

是的！

👑 1901 年，美国人威利斯发明了第一台空调。他本来只想给湿热的印刷厂"降降温"，这个"神器"却一下子火遍了全球。

👑 这里要郑重说明一下，空调和风扇不一样，并不是靠"吹风"使人凉爽的，而是靠把室内的热量"搬运"到室外实现的。完整的空调系统分为室内、室外两部分，由一根弯曲的铜管连接。铜管中有一种叫氟利昂的制冷剂，有着"汽化吸热，冷凝放热"的强大能力。

👑 在室内，氟利昂会"乖乖"汽化，吸收热量，顺着铜管来到室外；在室外，氟利昂冷凝，把热量通过室外机风扇"吹走"。这也就是为什么，装在户外的空调风扇，总是吹热风啦！

啊……

07 液晶显示器里装的真的是一种液体吗?

真相

液晶显示器里面装的是液晶!

液晶,也称液态晶体,它处于固体和液态之间,既有液体的流动性,又有固体的某些特点。

家电商城里,售货员正在推销最新款的电视机:"这台电视机用的是最先进的液晶显示屏!"液晶?你听到了这个不熟悉的词,立刻会望文生义地问:"液晶是一种液体吗?"

👑 液晶是一种高分子材料,它既有固体的某些特征,又能像液体一样流动,是现在的计算机、手机、电视机显示屏的主要材料之一。为什么液晶这样普及?那是因为——液晶屏真的很薄!

👑 液晶屏的成像原理很简单。以电视机为例,通电后,显示屏里的液晶中就会产生电流。在电流的作用下,原本规则排列的液晶分子会发生偏转,控制内部光的"运行路线",达到显示影像的目的。

👑 液晶有许多种类,现在用于制造电器液晶屏的,主要是结构稳定的细柱型液晶。

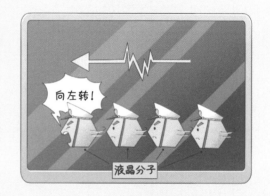

揭秘 微波炉是通过微波振动食物中的分子进行加热的!

微波炉为什么让食物从"内心"开始发热?

微波炉把电磁微波"集中"起来,用它们来"震荡"食物的每个分子。这些分子相互摩擦,产生热量,食物就变热了。

肚子好饿啊! 不过爸爸、妈妈都出门了,家里只剩你自己! 还好妈妈在冰箱里留了饭,直接用微波炉加热一下就可以! 看着"嗡嗡"工作的微波炉,你很好奇:它是怎么不用火就把食物加热的呢?

我是微波炉!

👑 这就要从神奇的微波说起! 微波是一种电磁波,它虽然不会发热,但具有很强的穿透性,能穿透食物,振动食物里的每个分子。这些分子在振动中相互摩擦,产生热量,就像你用力搓手一样。这样,食物的温度就会飞快上升啦!

好舒服啊!

摩擦生热啊!

👑 微波在我们的身边到处都是,但是这些微波太分散,起不到什么作用。于是,人们在微波炉里装入了一个能将电能转化成微波电场的磁控管。大量的超强微波在微波炉里"左冲右撞",几分钟之内,食物就变得热乎乎的了!

我的鸡蛋……爆炸了……

👑 不过一定要注意,很多东西不能直接放入微波炉加热,如金属、整个的鸡蛋等!

09 怎么给汽车"做顿饭"?

石油是亿万年前埋藏在地下的生物遗骸分解产生的。从石油中提炼出汽油,然后"喂"给汽车"吃",汽车就可以正常运行了。

要去春游啦!爸爸开着小汽车载着全家出发。过了一会儿,车子停在了加油站,准备加点油。加油?用家里炒菜的油不可以吗?汽车怎么这么挑食呢?

👑 19世纪的时候,科学技术蓬勃发展,几乎每天都有新发明。"动力之源"——内燃机就是这时出现的。后来,有人给内燃机装上了轮子,装上控制方向的方向盘,就变成了最早的汽车。

👑 汽车是一种机器,既然是机器,就一定需要动力。那么汽车的动力来自哪里呢?答案是:汽油。汽油是从石油提炼出来的。

👑 石油是一种深褐色的液体,十分黏稠。它是埋藏在地下的古生物尸体,经过亿万年演化而成的。作为"石油之子"的汽油,很荣幸地成为汽车的"专属"食物。

👑 对了,千万不要直接"喂"汽车"吃"石油,那样汽车会"消化不良"的!

石油 汽油

手机地图为什么能认得路？

10

手机地图导航主要靠天上的卫星、地面的基站等工作。它能定位人现在的位置与想要去的地方，并规划出合适的路线。

向东南方，起航！

望远镜

罗盘

爸爸带你去一家新店吃火锅，结果走到了一条不认识的街道上。哎呀，好像迷路了，这可怎么办呀？还好爸爸及时用手机地图导航，找到了正确的道路。手机地图可真厉害！它是怎么找到路的呢？

👑 "导航"的概念最早出现在古代的航海中，意思是靠手里的罗盘和天上的星星引导航行。到了科技发达的现代，人们更习惯用手机地图进行导航。

👑 想要用手机地图完成导航，最关键的技术就是定位！科学家将定位卫星发射到天上，让它找到你的位置并发射定位信号。在你的手机中，有接收信号的芯片，再配合导航软件，你就能在手机地图中看到自己所在的位置啦！

👑 导航软件中有全世界的详细地图，只要确定了你的位置和目的地，就能生成路线，让你轻松实现旅行自由！

呼叫地球，已发现目标位置。

11 手机明明没有电线，怎么实现"千里传音"？

手机可以接收被基站转化的信号！

主人！那家伙又来电话啦！

手机先发出无形的信号，被附近的基站接收后，再转化成对方能接收的信号，发射出去。

"叮铃铃……"，客厅里，妈妈的手机响了起来。看着妈妈接通手机，和朋友聊天，你的眼睛转起了圈圈：手机又没有电线，是怎么完成通话的呀？

👑 100多年前，人类发明了电话，"千里传音"不再是梦。这时的电话有着很长的电线，也不能随身携带。经过科学家的不断改造，1973年，诞生了无线电话——也就是今天的手机。

听说刘奶奶爱喝榴莲牛奶……

你说啥？

信号接收完成，准备发送！

👑 失去了长长的电线，手机怎么实现通话呢？这就要靠中转设备——基站啦！我们的城市里建有很多高高的基站，当你接通手机时，无形的信号就会"飞"出去，被附近的基站接收。基站飞快地把信号处理好，再把信号发送到接听人的手机上。这样，你们之间就可以通话啦！

生命探测仪是怎么探测到生命的？ 12

生命探测仪能穿透层层阻碍，探测生命体发出的红外光、音频振动、脉冲微波等。

交给我吧！

生命探测仪

"轰隆隆！"发生了一场大地震，好多人被埋在了倒塌的建筑下面！搜救人员迅速赶到，拿出一个特殊的仪器，在废墟上来回搜索，寻找受困人。这是什么仪器呀？这么管用吗？

去吧！雷达信号！

汪汪（明白）！

👑 早在 20 世纪 80 年代，科学家就开始"训练"雷达，用来寻找被困在地下的人，这种雷达式生命探测仪能用特殊雷达向外发射微波信号，并接收反射回来的微波信号，能发现地下 5 米的生命！

👑 经过几十年的发展，生命探测仪已经"百花齐放"，除经典的"雷达式"外，还有红外生命探测仪、音频生命探测仪、光学生命探测仪等。这些探测仪功能更先进，能探测人体的红外辐射、心跳、呼吸、敲击及光的反射。有了这些技术，更多受困的人能在灾后被及时发现啦！

13 人在无影灯下真的没有影子？

无影灯并不是能消除影子，而是使影子变得非常微弱，到了肉眼几乎看不到的程度。

你听过医院里的神秘传闻吗？据说在手术室里，有一种神奇的无影灯，人在它的下面，竟然没有影子！怎么会这样？难道影子被无影灯"吃掉"了吗？

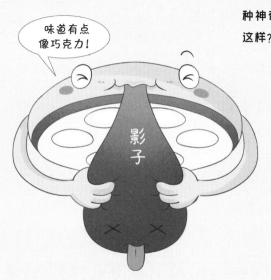

味道有点像巧克力！

影子

👑 当然不是！有光就有影，这可是一条真理！影子并不是真的消失了，而是变得特别淡，使肉眼看不见它了！

👑 在过去，医生们在给病人做手术时，总会遇到一个苦恼的问题：如果光线不足，医生看不清；可光线足了，就会出现影子，影响手术。直到无影灯出现，这才解决了这个问题。

👑 无影灯是怎么做到"无影"的呢？如果你仔细观察，就会发现影子其实由两部分组成——黑黑的"本影"和发灰、发暗的"半影"。无影灯的作用就是最大限度地消除本影、削弱半影，达到肉眼看上去"无影"的效果。

👑 无影灯的面积一般比较大，而且采用多光源模式，这样产生的效果更接近无影。

那不是病人，是树干！求你配副眼镜吧。

我的病人怎么有点怪？

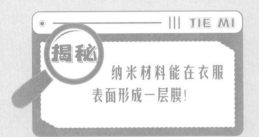

纳米材料制成的衣服竟然可以"干干净净每一天"？ 14

把纳米材料涂在衣服表面，可以形成一层膜，将衣物包裹住，什么脏东西都沾不上。

购物频道中，主持人正在卖力推荐新产品——一件用纳米材料做成的衣服。为了表现新产品的"超能力"，他不停往衣服上泼水、泼油、泼脏东西，衣服竟然始终干干净净！这可真厉害！是怎么做到的呢？

👑 我们先来了解一下，什么是纳米吧！我们都知道，米、厘米、毫米都是长度单位，纳米也是长度单位"大家庭"中的一员，不过它实在太短了，比肉眼看不到的细菌还短！

👑 纳米材料指的是由许多纳米大小的基本单元组成的材料。这种新型材料有很多优点，可实现杀菌、除味，韧性强……如果把纳米材料涂在衣服表面，就能形成一层不透水、不沾油污的膜，拒绝一切脏东西！

👑 你知道吗？航天员的宇航服就有纳米材料的"参与"！

15 水底下的大家伙怎么实现"浮沉自由"的？

潜水艇想要下潜，就会往内部的水舱里灌水，让船体变重；想要上浮，就会把水舱里的水排出去，以减轻重量。

暑假到啦，爸爸、妈妈带着你去海边坐船。你站在甲板上，望着蔚蓝的海面出神：好想去看看海面下的样子呀！有没有一种船能带着你，一路潜到海底去呢？——当然有的，如果你能坐上一艘潜水艇的话！

我能潜水3米。

明天教教我呗？

嘿嘿。

👑 我们都知道，船之所以能浮在水面上，主要是依靠水的浮力。那潜水艇又是怎么克服浮力，潜到水下去的呢？

👑 聪明的科学家专门为潜水艇设计了一个水舱。如果潜水艇需要下潜，就打开水舱，往里面灌水，潜水艇变重了，自然就沉下去啦！而且还能根据灌水量的多少，控制下潜的深度呢！

👑 如果潜水艇需要上浮，就反向操作，用压缩空气将水舱里的水排出去，潜水艇变轻了，就会上浮了。

下沉！下沉！

浮上来了……

触摸屏"反应迟钝"，使劲儿按一按就管用吗？ 16

电阻屏通过感应压力工作，"使劲儿按"会管用；电容屏通过感应人体的电流工作，"使劲儿按"并不管用。

哒哒哒
哒哒哒……

电阻屏

爸爸的手机卡顿啦！暴脾气的哥哥拿起手机，一通狂点，还说这种方式对手机卡顿很管用！你的小脑袋里充满了疑惑："使劲儿按"真的那么管用吗？

👑 其实真的不一定！最早发明的触摸屏是电阻屏，它是通过感应压力来确定位置的。假如电阻屏出现卡顿，"使劲儿按"是管用的！

👑 电阻屏的屏幕柔软，容易被划伤，但无论是用指甲、触笔或戴手套，都能操作！

电阻屏

请勿划伤

咦？有电流！

电容屏

👑 电容屏是通过感应人体的电流来确定位置的。当你的手指触摸屏幕时，人体就会发出很小的电流，这个小电流通过电容导体进入手机，以此确定点击位置！假如电容屏出现卡顿，"使劲儿按"是不管用的！

👑 电容屏的屏幕坚硬，可以多点触摸，但你戴着手套或屏幕上沾了水时，就会导致操控失灵！

17 3D 电影的画面为什么那么立体？

真相

3D 电影是以双眼视角拍摄出来的！

3D 电影是用两架摄像机从不同角度一起拍摄的，并用两台放映机同时放映，在看电影的时候要佩戴专门的眼镜。

啊！恐龙！

厉害啊！

爸爸、妈妈带你来到电影院，一起看新上映的 3D 电影。验过票后，工作人员给你发了一副特殊的眼镜，戴上这副眼镜，你惊奇地发现，电影画面竟然变立体了！真是太神奇了！

👑 "3D" 是 "3 Dimensions" 的英文缩写，意思是"三个维度"，3D 电影其实就是一种立体电影。你也许会问：电影不都是平面的吗？怎么会变成立体的呢？这其实跟我们的眼睛有关系。

👑 人的左眼和右眼在看同一样东西时，因为观察角度不一样，看到的影像也不同。大脑把眼睛看到的不同影像收集起来，就产生了立体视觉。

👑 3D 电影模仿了人的双眼视角，用两架摄像机从不同角度一起拍摄，再把拍出来的影像用两台放映机一起投射到荧幕上。通过特殊的眼镜，我们就能看到立体的电影啦。

👑 如果不戴专用眼镜看 3D 电影，荧幕上的画面就会出现重影。注意，这不是荧幕坏了哟！

各就各位！开始放映！

3D放映机

量子力学和经典力学到底有啥不同？ 18

经典力学适用于宏观、低速运动的物体；量子力学适用于微观、高速运动的粒子。

科技馆中，一位讲解经典力学的教授在人们的掌声中退场了，又上来一位讲解量子力学的教授。你听得迷迷糊糊：这两种不都是力学吗？为什么一个名叫"经典"，一个涉及"量子"？

👑 要知道，力学是物理学中"年纪最大"的分支，早在古希腊时期，力学的萌芽就已诞生。到了 17 世纪，牛顿提出了著名的"牛顿三定律"，创立了经典力学，将宏观、低速状态下的物体运动解释得"明明白白"。

经典力学还得看我！

这和说好的不一样啊！

趁他没发现，快跑！

经典力学

👑 不过到了 19 世纪末，经典力学可让科学家头疼不已！他们在研究中发现，使用经典力学的一些理论无法得出正确的结果——难道经典力学是错的吗？

👑 当然不是！这是因为经典力学的适用范围有限，没法用于解释微观、高速运动的粒子！于是，在 20 世纪初，量子力学横空出世！它完美解释了微观世界里的种种问题，是力学史上的又一次大突破！

19 聪明的机器人，你到底听谁的？

机器人能够独立或半独立地完成一些工作。
至于它的外形，就要看制造者的心情了。

"嘀嘀嘀"，家里的扫地机器人开始工作啦！它能清理地上的脏东西、给自己充电，还能避开突然冲过来的小狗呢！不过这个机器人怎么和电影里的不太一样呀！

汪汪汪！汪汪！

别追我呀！我在扫地！

👑 在科幻电影里，机器人不光外表和真人很像，甚至还可以像人类一样思考。当然，这种神奇的机器人只存在于电影里，现实中的机器人技术远远没那么先进！

开始执行命令。

👑 一个可以移动的身体、一套传感系统、一个动力系统、一个电源和一个遥控器，典型的机器人就是由这五大部分构成的。要想让机器人动起来，就要先用电把它"喂饱"，再用遥控器发送信号。机器人的传感器接收到信号后，就能够遵循人们编写的程序指令，自动完成一系列动作。

好大的蜘蛛啊！

👑 至于机器人的外形如何、像不像真人，那就要看它的制造者的喜好啦！

52

揭秘

宇宙飞船需要运载火箭把它送上天!

宇宙飞船是怎么飞上天的?

宇宙飞船是向太空运送宇航员、物资的航天器,就像巨大的"太空巴士"一样。它需要被运载火箭"驮"着,才能进入太空。

飞向太空!

一年一度的航天展览会开幕啦!爸爸弄到了两张门票,带你去参观。瞧,展厅里的宇宙飞船形形色色,什么样子的都有!你不禁有些好奇:这些飞船这么大、这么重,是怎么飞上天的呢?

👑 光靠宇宙飞船自己,是无法飞上天的,还需要运载火箭的"护送"。运载火箭一般用液态氢作燃料,通过"三步走",将宇宙飞船送往太空。

👑 "上天"第一步:"轰!"一级火箭的发动机点燃,运载火箭从发射台垂直起飞,不断调整方向,并快速加速!

👑 "上天"第二步:大约在距离地面 70 千米的高度,一级火箭熄灭、脱离,二级火箭点火,继续加速!

👑 "上天"第三步:当达到了一定高度和速度时,二级火箭熄灭、脱离,运载火箭和宇宙飞船在地球引力和惯性的作用下飞行,直到预定轨道附近。这时,三级火箭点火,将宇宙飞船送入轨道。

👑 运载火箭终于完成了所有的运送任务,可以和宇宙飞船分离啦!

你的快递到啦!

"叮咚!"

21 电梯的另一端真的有巨人拉着吗？

真相

电梯有完备的系统，
以实现方便与安全！

嘿呦！

到了现代，房子越建越高，步行上楼太费劲了！于是人们发明了电梯，以便快速来到想去的楼层。

玩够了，上楼回家啦！你坐上电梯，按了"8层"，电梯关上门缓缓上升。这时，你的小脑袋里突然冒出一个问题：电梯重得像个大铁块，怎么往上升的呢？难道有大力士在另一端拉着它吗？

慢一点！

👑 当然不是！顾名思义，"电梯"当然是由电力驱动的！在电梯的最顶端，有一个巨大的钢铁滑轮，穿着一条粗粗的钢丝绳。钢丝绳一端连接着电梯，另一端连接着一个沉重的铁块，用来平衡电梯的重量。

千万不要按着玩哟！

👑 当你在电梯间按下按钮时，电梯的控制系统立刻"警觉"，"哗啦，哗啦"地将电梯轿厢带到你所在的楼层，并打开电梯门。假如电梯突然出现了故障，你就可以利用安全保护系统，通过电梯面板上的"小电话"与维护人员取得联系！

显微镜是怎么让我们看到 "小小世界" 的？

22

|||| TIE MI

揭秘

多个放大镜组合在一起，就形成了显微镜！

当多个凸透镜按照一定的距离叠加在一起时，放大倍数远远增加，我们就可以看到平时用肉眼看不到的小东西了。

好多微生物啊！

爸爸拿回一个光学显微镜，兴冲冲地接了几滴自来水观察。你把眼睛对准镜头，立刻看到了里面的"新世界"：一些奇怪的微生物正在水滴里游来游去！真是太奇妙了！

👑 很多年前，人们就发现，凸透镜可以把观察的物体放大，所以它被称为放大镜。后来，人们突发奇想：如果把几个凸透镜叠加在一起，是不是能看到更微小的世界呢？"显微镜之父"列文·虎克告诉我们——的确是这样的！

反光镜 聚光器

👑 现代显微镜由目镜和物镜组成。我们在目镜上方观测，物镜对准被观测的物体。如果光线太暗，影响观察效果，还可以用聚光器和反光镜进行补光。

👑 你知道显微镜的放大倍数怎么算吗？是"目镜的放大倍数×物镜的放大倍数"哟！

23 "叮咚，叮咚！"时钟里的小鸟怎样报时？

真相

齿轮控制钟表的指针，让钟表走得准时！

"叮咚"
七点整啦！
"叮咚"
啊！

钟表里有很多齿轮，它们不停地转动，控制着钟表指针，让钟表走得准时。

家里的时钟坏了，爸爸带你去钟表店买新的。钟表店里的钟表多种多样，有的到了整点，还有小鸟出来报时，这可真有趣！不过，这些钟表是怎么知道时间的呢？

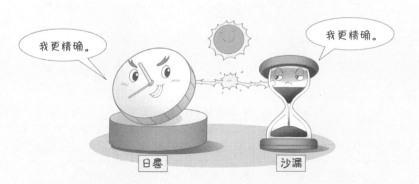

我更精确。
我更精确。

日晷   沙漏

少了谁都不行！

👑 在原始社会，人们还不知道什么是"时间"，天亮了就工作，天黑了就休息。后来，有的聪明人发现，一天的时间是固定的，大约 24 小时，并发明了计时工具，如日晷、沙漏、漏壶等；直到现代，才出现了更精准的机械钟表。

👑 机械钟表主要由齿轮控制，可以精确地计算每一秒。很多齿轮啮合在一起，保证了时针、分针和秒针"各司其职"。秒针走完 60 圈之后，一个齿轮推动分针走 1 圈；分针走完 60 圈之后，另一个齿轮推动时针走 1 圈。

👑 给齿轮内芯套上不同的外壳，就制成了墙上的挂表、桌子上的小闹钟和手腕上的手表。钟表可是很精密的仪器，你一定要爱惜它哟！

400多年前，人们就开始测算光速了。直到激光出现后，光速才被精确到299792458米/秒。

起床啦！

"丁零零……"闹钟响啦！清晨的第一束光照在你的脸上。这时，你有没有想过一个问题：摸不着的光，速度有多快呢？

伽利略

罗默

迈克尔逊

光速测量三人组

👑 在古代，人们认为光速是无限快的。直到17世纪，科学家伽利略提出一个观点：光速应该有它的极限。可惜他没能成功测出光速。

👑 几十年后，天文学家罗默在观测木星卫星蚀时发现，它比推算出来的时间晚一些，并判断这跟光速有关系。

👑 又过了100多年，科学家迈克尔逊发明了正八面钢制棱镜，把光的路线延长，计算出光速大约为299796千米/秒。

速度快极了！

👑 光速真正被定义是在激光出现后。1983年，联合国规定，光速在真空中可以达到每秒钟299792458米/秒。也就是说，光用1秒就可以绕地球跑上7圈半！

👑 光速是宇宙中的最快速度，这是永恒不变的。掌握了这个原理，就可以测量恒星、行星之间的距离啦！

光线滑板

还没看过瘾？
那就继续吧！
GO！

♕ 黑客是爱穿黑衣的客人吗？

黑客不是客人，而是计算机专家的代称，也指一些技术高超的计算机爱好者。他们能在高难度的网络系统中找到漏洞，然后向管理员提出修补漏洞的方法。在黑客眼中，那些专门入侵他人系统的计算机高手属于"骇客"，是层次较低的人。

♕ 为什么净化器能净化空气？

净化器内部有微风扇，可以使空气循环流动。流动的空气在通过过滤器的滤芯时，其中的颗粒、甲醛等污染物会被清除或吸附，这样空气就变得清新了。

♕ 为什么指南针总是指向南（北）方？

地球有"地磁"，本身如同一块巨大的磁铁，南极是正极，北极是负极。指南针是一块小磁铁，同样有正极和负极。基于异极相吸的原理，指南针的负极总是指向南方（地磁正极），正极总是指向北方（地磁负极）。

♕ 体温计为什么能测体温？

体温计中含有水银，下方还有一段拐弯的"缩口"。接触到人体后，水银遇热膨胀，一直升到管内的某个位置。体温计离开人体后，由于缩口的影响，上方的水银柱退不回来，一直固定在那个位置，你就能准确读出体温的数值啦。

♕ 为什么船底要刷特制的油漆？

一是因为海水有很强的腐蚀性，会腐蚀木头、钢铁制品，船底刷上油漆可以隔绝海水，防止腐蚀；二是因为有很多贝类喜欢吸附在船底，影响船的航行，刷上油漆可使船底变得光滑，贝类不易吸附。

♕ 放大镜为什么能把物体放大？

放大镜就是凸透镜，边缘薄、中间厚。将物体放在凸透镜的焦距内，能看到一个放大的像。如果将物体慢慢向后移，移到2倍焦距以外，能看到一个缩小、倒立的像。

♕ 飞机为什么要迎风起降？

飞机是通过气压差产生的升力飞上天的，迎风起飞获得的升力比顺风要大得多，可以缩短飞机起飞时滑跑的距离；迎风降落可以借助风的阻力来降低飞机的速度，同样能缩短着陆的滑跑距离。

♕ 什么是新能源？

新能源又叫非常规能源，是除煤、石油、天然气、水力等传统能源以外的各种能源。新能源包括太阳能、地热能、风能、海洋能等，大多属于无污染、可再生的能源。

♕ 计算机能代替人脑吗？

目前，计算机是无法代替人脑的。人脑具有独立思考、创造的能力，能感知感情，计算机则不能。虽然近些年出现了人工智能（AI）技术，不过也要遵循一定的程序，计算机依旧和人脑差之千里。

♕ 为什么计算机能和人对话？

因为科学家给计算机安装了"人工嘴巴"——声卡和语音合成系统。先对常用语音、关键词进行录音，再通过语音合成系统合成想要表达的句子，最后通过声卡输出，这样计算机就能"开口说话"了。

👑 隐形飞机真的看不见吗?

隐形飞机并不是肉眼看不见,而是采用了新技术和新材料,让雷达发现不了它。不过,如果用米波雷达或雷达网来探测,也是能够发现隐形飞机的。

👑 干冰是冰吗?

干冰不是冰,而是固态的二氧化碳。二氧化碳在常温、常压下是气体,不过一旦对它加压、冷冻到一定程度,就会变成白色的、雪一样的固体。干冰的温度低于 $-78℃$,能快速冷冻物体,常用于人工降雨。

👑 无人机"无人"怎么飞?

无人机的"无人"是指其中不搭载人,并不是真的能"自主行动"。无人机一般通过无线电遥控,有着自动驾驶仪、程序控制装置等,能进行很多危险或精密的活动。另外,还有一种小型无人机,可以将摄像头带到天上进行拍摄呢!

👑 扫地机器人是怎么扫地的?

扫地机器人的"心脏"是电动机,电动机高速旋转,在主机内形成真空。扫地机器人就是利用主机内外的气压差,从吸口"吸"进垃圾,并将它们积蓄在布袋里。

👑 什么是"星链计划"?

"星链计划"由美国人马斯克提出,是美国太空探索技术公司在 2015 年 1 月宣布启动的一个太空项目。该项目计划从 2019 年至 2025 年,向地球近地轨道发射 11927 颗卫星,构建一个由数以万计卫星组成的、覆盖全球的"超级大 Wi-Fi"。

👑 为什么风力可以发电?

风力发电主要靠风力发电机。风力发电机的外形像一个大风车,由一个支柱架着三片巨大的叶轮,下面连接着发电机。当风吹来时,叶轮被风推着旋转,发电机被带动旋转,风能就被转换为电能了。

👑 为什么蓄电池能蓄电?

蓄电池并非直接把电"关"起来,而是用外界的电能促使电池内部发生化学反应,把电能转换为化学能,再储存起来。使用电池时,电池内部进行逆向的化学反应,把储存的化学能转换为电能。

👑 为什么磁悬浮列车跑得特别快?

磁悬浮列车是一种靠电磁的吸力和斥力来推动的列车,它的轨道有着强大的磁力,能让列车悬浮在空中。这样极大地减小了摩擦力,跑得肯定比其他列车快啦!磁悬浮列车的速度为 400 ~ 600 千米 / 小时,可以说是"行走如飞"。

👑 飞机上的航行灯有什么作用?

飞机上的航行灯主要是为了避免空中的交通事故。航行灯有红色、绿色、白色三盏,分别装在左机翼尖、右机翼尖和机尾。当两架飞机在夜晚相遇时,飞行员可以通过航行灯判断对面飞机的位置与航向,以确保不会相撞。

👑 为什么高铁要在高架桥上行驶?

给高铁架桥可以减少占地,也能给高铁一个封闭的空间,保证其运行的安全。另外,高架桥上更加平稳,也能减少自然灾害对线路的影响。

👑 为什么高铁晚上要停止运行?

晚上 11 点到次日 6 点,铁路工作人员要对高铁线路和车辆进行全面检查,这样才能消除安全隐患。另外,高铁速度快,开车是个技术活儿,晚上行驶视线不好,容易发生事故。中国高铁每天的第一班都是空车运营,以确保全线"无异样"。

👑 为什么野战服装大多是迷彩服?

因为迷彩服的伪装效果好。迷彩服上一般有绿、黄、茶、黑等颜色,看上去像夏日树木的阴影或地上的落叶,能与周围环境融为一体,不容易被敌人发现。另外,迷彩服的染料中添入了很多化学物质,能反射红外线、紫外线等,可躲避夜间侦察。

👑 遥控车是怎么被遥控的？

控制遥控车需要遥控器。遥控器是信号的发射端，遥控车里则装有能接收遥控器信号的装置。遥控器发出的指令信号被车上的接收器接收后，遥控车就会按照遥控器的指令做出动作。

👑 航天服是什么样的？

在飞船舱外穿的航天服一般有三层。最内层是真空隔热层，可应对外界环境的过热或过冷；中间层是液冷层，可帮助宇航员的身体散热；最外层的主要功能是耐磨、防辐射，并有很多连接其他设备的接口。

👑 为什么帆船逆风也能航行？

帆船有着宽大的帆，顺风行驶时风与帆垂直，能"兜"住风，速度非常快；逆风时，帆船会不断改变帆的方向，使船呈"之"字形前进，这样虽然路程变长了，但可避免被风吹得后退。

👑 为什么轮船总是逆着水流靠岸？

轮船靠岸时需要减速，如果顺着水流靠岸，船的惯性加上水流的推动力，会使船速不减，难以停稳；而逆着水流靠岸，水流的阻力会使船速减慢，这样就能平稳靠岸了。

👑 什么是量子纠缠？

同一个系统中的两个量子，把它们分开放在极其遥远的两个地方。如果对一个量子做出干扰，那么在瞬间，另一个量子就能感应到，还会产生和第一个量子一样的反应。

👑 什么是量子通信？

量子通信也叫量子加密通信，是用量子纠缠效应进行信息传递的一种新型的通信方式。经典的加密通信经常被破解，而量子加密通信在理论上可以做到永远无法破解。

👑 为什么计算机要用二进制？

二进制就是用 0 和 1 这两个数字表达一切事物，是计算机语言最基本的表达方式。二进制可采用双稳态电路实现，在技术上容易实现；可靠性高，传输中不容易出错；运算规则简单，能有效提高运算速度。

👑 为什么在飞机上不能使用手机？

飞机是利用卫星和雷达信号与地面联系、控制飞行的，手机发出的信号可能会对这些信号造成干扰，引发安全事故。

👑 什么是 3D 打印？

3D 打印一般先要在计算机中做出设计图，再用金属粉末或塑料等材料，通过一层层堆积、叠加，最终形成一个立体结构三维物体。

👑 为什么自动门会自动开关？

自动门上有一个能感应人体的感应器。当人进入感应区域内时，感应器就会发出"开门"信号，电动机开始运转，带动自动门打开，并在一定时间后自动关闭。

👑 为什么从自动取款机中能取到钱？

自动取款机完全由计算机控制。人们把银行卡插进去后，里面的读卡器会立刻读取卡上的信息，并上传给计算机。计算机核对银行卡的账户、密码、要取的钱数等信息，确认无误后，就会将钱"数好"并从出钞口"吐"出来。

👑 什么是自动驾驶？

自动驾驶就是通过车载传感系统感知道路环境，并由此得知车辆位置、道路信息和附近是否有障碍物，将人送到想去的地方。自动驾驶分为 5 个级别，级别最高的可以完全解放驾驶员。

👑 "防火墙"真的是用来防火的吗？

防火墙是一种用于网络保护的一系列软硬件的组合，可以监控进出网络的通信，帮助阻止会对网络造成威胁的数据。很多企业有自己的防火墙，在"墙"内的数据、网络会相对安全。

雷达是怎么发明的?

雷达是模仿蝙蝠的"回声定位"功能发明的。蝙蝠飞行时,会发出超声波,超声波在遇到障碍物后会反射,被蝙蝠的耳朵接收到。这种模仿生物功能的学科叫作仿生学,电子蛙眼、冷光的发明都是仿生学的重要成果。

为什么汽车的转向灯都是黄色的?

有实验证实,黄色的穿透性强,更容易引起人们的注意。使用黄色作为转向灯的颜色,可以减少大量追尾事故。马路工作上的人员大多穿黄色衣服也是这个原因。

什么是空天飞机?

空天飞机是一种既能在地球大气中飞行,又能在太空中飞行的新型飞行器。它能像普通飞机一样起飞,以超声速的速度在大气层内飞行,还能在飞行中继续加速到声速的 12 ~ 25 倍,飞入太空中。

什么是机器狗?

机器狗是一种用四足行走的机器人,它的稳定性很好,能够适应崎岖地形,完成多种复杂的运动,进入并勘探一些人类无法抵达的极限环境。

空间站有什么作用?

空间站就像一栋太空中的"大房子",能够在近地轨道上长时间运行,给航天员提供较长时间居住的环境。另外,空间站还可以观察地球、试制新材料、进行相关科学试验等。

赛车竟然没有安全气囊?

赛车是一种追求"速度与激情"的运动,往往伴随着巨大的危险。不过,赛车上并没有配备保护赛车手的安全气囊,因为赛车采用的是六点式安全带,足够把赛车手安全地固定在座椅上。另外,赛车手一般拥有应对翻车等事故的专业能力,安全气囊的弹出反而会妨碍他们逃生。

植物为什么能"复制"?

这种"复制"其实就是对植物进行扦插,是一种无性繁殖的方式。比如番薯、马铃薯、玫瑰等植物,切下它们的一部分根茎或枝条,埋在土里,就能重新长出一个全新的个体。

什么是航空母舰?

航空母舰是一种大型水面舰艇,可以装载飞机并为它们提供起落平台、能源供给等。航空母舰并不能单独战斗,而需要配有一系列如巡洋舰、驱逐舰、补给舰、核潜艇等其他保护舰船,它们统称为航空母舰战斗群。

火箭有什么作用?

火箭是向太空运送物品的工具,相当于是一位从地球到太空送货的"快递小哥"。人造卫星、载人飞船、空间站等少不了火箭的"运送"。

网址前的"WWW"是什么?

WWW 是环球信息网(World Wide Web)的缩写,也就是万维网,由英国科学家蒂姆·伯纳斯·李于 1989 年发明,是信息时代发展的核心。

"北斗"导航系统只有一颗卫星吗?

目前世界上一共有四大导航系统,分别是中国的"北斗"、美国的"GPS"、俄罗斯的"格洛纳斯"和欧洲的"伽利略"。"北斗"目前包含 55 颗在轨卫星。无论在世界的哪个地方,你的头上至少有 8 颗北斗卫星。

硬件和软件有什么区别?

以一台计算机为例,硬件和软件都是组成它不可或缺的部分。其中,主机、显示器、键盘等这些你看得见、摸得着的就是硬件;程序、存储的文件等这些你摸不着的就是软件。

计算机的错误为什么叫 bug?

1945 年,编译器发明者格蕾丝·霍珀正使用计算机时,计算机突然死机了。在查找原因时，她在继电器上发现了一只死掉的飞蛾（bug），正是它引起了计算机故障。从此，人们就将计算机的故障戏称为 bug。

计算机上为什么没有 A 盘、B 盘？

在计算机诞生之初，是有 A 盘、B 盘的。A 盘表示 3.5 英寸（1 英寸 =2.54 厘米）软盘驱动，B 盘表示 5 英寸软盘驱动。后来软盘驱动渐渐被淘汰了，计算机也就没有了 A 盘、B 盘，而是从硬盘驱动的"C 盘"开始算了。

香水其实是臭的？

有的香水中含有一种叫 3- 甲基吲哚的物质，其实就是粪臭素。当粪臭素被稀释到极低的浓度时，会有淡淡的茉莉花香。正因为这点，它摇身一变，成了很多香水的核心成分。

高铁为什么都是"子弹头"？

高铁一般都有着"长鼻子"和"长尾巴"，全身"光溜溜"的。这种流线型设计可以最大限度地减小空气阻力，让高铁行驶得更快。

一度电能做多少事情？

一度电大约能让一盏台灯亮 40 小时；能给你的手机充满电 100 多次；能默默支持路由器工作 10 天；能让水壶烧开 8 升水；能让 台小冰箱运转 15 小时。你想不到吧？

VR 技术并不算新？

第一台头戴式 VR 设备发明于 1968 年，不过那时还没有"VR"这个词。它是"虚拟现实之父"——伊凡·苏泽兰研制的，有视觉立体感、生成虚拟画面、跟踪头部运动等功能。由于这台设备需要一副机械臂吊在人的头顶，因此被称为"达摩克利斯之剑"。

如果能称重，互联网上的全部数据有多重？

据科学家推算，目前网络上大约有 5 万千兆字节的数据，这些数据的总质量只有 50 克，和一颗大草莓差不多。

世界上第一条短信写的是什么？

世界上第一条短信诞生于 1992 年 12 月 3 日，由一位 22 岁的加拿大测试工程师尼尔·帕帕沃发给他的同事的，内容是："圣诞快乐！"

"天河二号"到底有多费电？

"天河二号"是目前全球运算速度最快的超级计算机，由中国国防科学技术大学研制，峰值计算速度为 5.49×10^{16} 次 / 秒、持续计算速度为 3.39×10^{16} 次 / 秒。"天河二号"也是一台巨大的"电能吞食器"，它工作 1 年，仅电费就要 1 亿元人民币！

互联网中的坎宁安定律是什么？

"wiki之父"、美国人沃德·坎宁安曾经就互联网提出这样一条定律：在互联网上得到正确答案的最佳方法不是去提问，而是发布一个错误答案。因为当你发布一个错误答案时，马上就会有人回复并指出你的错误。

人工智能也需要考试？

判断人工智能（AI）是否合格的"考试"叫图灵测试。将一个人和一台机器分隔开，并通过文字交流等方式让他们进行聊天。如果超过 30% 的人不能判断交流对象是人还是 AI，AI 就通过了测试。

超人工智能到底是什么？

超人工智能是假想出的一种比人类聪明得多的人工智能。有学者提出，超人工智能会有 3 种工作模式：可以精确回答几乎所有问题的"预言者模式"、能够执行任何高级指令的"精灵模式"和能够执行开放任务的"独立意志模式"。

黑匣子是黑色的吗？

黑匣子是飞机中的电子飞行记录仪，一般呈鲜艳的橙色或红色，这能帮助人们在飞机失事的时候，用最短的时间找到它们。一架飞机上一般有 2 个黑匣子。

OH！
身体让你想不到

01 "蚊子叮人痒"竟然是个谣言？

真相

是身体释放的组织胺让你觉得痒！

被蚊子叮咬后，人体的免疫系统会释放一种叫组织胺的物质。组织胺会让叮咬处肿胀、发痒。

"嗡嗡嗡"，夏天一听到这个声音，你是不是立刻抄起电蚊拍、拿起花露水，进入"备战"状态？没错！讨厌的蚊子又来了！一不小心，你就被叮了包，而且越挠越痒！你一定无数次想过：为什么蚊子叮人会这么痒呀？

👑先不要急着大骂蚊子，其实这种"痒"的感觉，是我们身体的一种防御机制！当蚊子将唾液注入人体时，人体的免疫系统立刻"警觉"，派出了"战士"组织胺。

👑不过组织胺有点"神经质"，总爱小题大做。在它的指挥下，叮咬处明明没什么事，却必须肿胀、发痒，提醒身体："有敌人入侵啦！"

👑一旦你开始抓痒，组织胺就会快速扩散，引起更大范围的肿胀，发痒的范围也就更大……就这样，越抓越痒！

揭秘 幻听大多数是由于大脑发出错误指令引起的！

你为什么会突然产生幻听？

02

在精神高度紧张或半睡半醒的时候，大脑经常会发出错误的指令，让你听到一些其实不存在的声音。

谁叫我？

你有没有这样的经历：突然听到有人叫你的名字，但实际上并没有人叫过？在这种时候，你也许会耸耸肩，认为自己听错了。你却不知道，在刚刚那一刻，你的大脑发出了一次错误的指令！

👑 大脑是身体的"总司令"，它会根据自己的判断，发出微弱的电流指挥身体器官。这些电流由神经细胞传到身体各处，器官们只要乖乖"遵命"就可以啦！

这栋楼不但高，而且……

蛋糕？在哪儿？

👑 谁都有犯错的时候，大脑"总司令"也不例外。当你半睡半醒的时候，大脑处于"魂游天外"的状态，对信息判断的正确性也就大大降低啦！

忙碌中 勿扰

👑 同样，当你精神高度紧张时，大脑也会因为超负荷运转而发出错误的指令。比如，你在专心玩耍时，妈妈叫你回家吃饭，大脑要是拒绝发送妈妈的话，你就真的"听不见"啦！

03 可怕的病毒也能成为治病的良药？

人们将病毒进行处理，制成疫苗，注射进人体后，能够让免疫系统产生免疫力，就算真正的病毒来也不怕啦。

你一定打过疫苗吧？针头"咻"的一下扎在你的胳膊上，感觉就像被小蚂蚁咬了一口。不过，你敢相信，针管里装的其实是可怕的病毒吗？

可以换个试验对象吗？

别动！

牛痘

👑 世界上第一种疫苗是天花疫苗。天花是一种非常可怕的疾病。18 世纪早期，英国乡村医生琴纳发现，天花病毒有一个近亲——牛痘病毒，那些得过牛痘的人会产生免疫力，很少得天花。于是琴纳做了一个试验，故意让健康的人感染牛痘，果然，这些人痊愈后就不容易得天花了！

哇！

记忆细胞

好厉害！

细胞

细胞

👑 你打疫苗也是同样的道理。疫苗中被削弱"战斗力"的病毒让身体产生免疫力，今后就算碰到真正的病毒，我们也不怕啦！

👑 身体到底是怎么产生免疫力的呢？原来，我们的免疫系统中有一种记忆细胞，它能记录下身体和疫苗中的病毒战斗的全过程，形成一本"战斗宝典"。有了这本宝典，还怕什么病毒呀！

揭秘 长时间憋住的尿液重新回到肾脏，大部分被吸收了！

憋住的尿竟然被肾脏"喝"掉了？ 04

尿液如果在膀胱中待久了，就会倒流回肾脏，其中的大部分水分和一些有害物质会被重新吸收。

好暖和呀！

你是不是爱趴在温暖的被窝里看动画片？突然，一阵尿意袭来，动画片正到了最精彩的地方……算了，先憋一会儿吧！过了一会儿，你发现自己并不那么想上厕所了！难道是憋住的尿凭空消失了吗？

♛ 悄悄告诉你，那些尿其实是被肾脏"喝"掉了！尿液来自血液，当血液流经肾脏时，里面的水和脏东西就会进入肾脏。在一遍遍的过滤后，有用的水分被吸收，剩下的就是尿液啦！

♛ 尿液来到膀胱中，本应该被立刻排出去。不过一旦你开始憋尿，尿液就会"生气"地掉头回到肾脏中去。尿液中的水分会再次被肾脏吸收，同时被吸收的，还有一些对身体有害的脏东西！

我们要回肾脏去了。

再坚持一下，马上就放你们出去！

肾脏

安全出口

膀胱

尿液

♛ 看到没？憋尿的坏处可大着呢！所以一旦产生尿意，首先要做的，就是立刻奔向厕所呀！

05 明明是人类，为什么会产生"熊猫血"？

真相

"熊猫血"是人类的一种稀有的血型，并不是大熊猫的血！

熊猫休假了，我是饲养员。

巧克力

"熊猫血"也叫 RH 阴性血，是一种十分罕见的血型，拥有这种血型的人像大熊猫一样稀少。

你知道自己的血型吗？ A 型？ B 型？ AB 型？ O 型？如果是这四种血型中的一种，你就和中国 99% 的人一样，是 RH 阳性血；如果这四种都不是，那你就是那 1% 的"特殊分子"，是 RH 阴性血，也就是"熊猫血"的拥有者。

♕ 你应该知道，血型分为四种。但你一定不知道，每种血型都有 RH 阴性和 RH 阳性之分！ 中国 99% 的人都是 RH 阳性血，剩下的 1% 是 RH 阴性血。

♕ "熊猫血"只是一个统称，其中包括 RH 阴性 -A 型、RH 阴性 -B 型、RH 阴性 -AB 型和 RH 阴性 -O 型，一共四种。

♕ 不过，拥有"熊猫血"并不一定是幸运的，反而会让人担忧。假如"熊猫血"的拥有者受了伤，谁给他输血呢？所以，一定要好好对待你身边拥有"熊猫血"的人！

为什么人体中也有会报时的"小鸟"？ 06

生物钟受大脑中的视交叉上核控制。视交叉上核位于我们口腔中上腭的上方。

布谷~ 布谷~

你可能见过那种老式的钟吧？到了整点，钟里就会弹出一只机械小鸟来，"布谷、布谷"地报时。别羡慕那只能精准报时的小鸟啦，你的身体里同样有一只会报时的"小鸟"——生物钟！

还没到睡觉时间呢！

👑 人为什么晚上睡觉、早上起床，而不是反过来呢？这是因为你身体中的生物钟不允许！人的眼睛在夜晚看不到东西，所以身体决定，将晚上作为休息时间。天一黑，你就会犯困，这是生物钟在催促你——该睡觉啦！

到9点立刻入睡

👑 有时你看到朋友，突然就会想到和他借的东西还没还；有时你遇到危险时，头脑还没开始思考，腿就已经跑了起来——这些都是生物钟在发挥作用。这样看来，生物钟是我们的"自我保护之钟"呀！

07 为什么有的梦能记住，有的记不住？

ZHEN XIANG |||

真相

因为我们是在不同睡眠阶段醒来的！

睡眠分为两个阶段：快速眼动阶段和深层睡眠阶段。在快速眼动阶段醒来，梦就容易被记住；在深层睡眠阶段醒来，梦就会记不住。

记忆力好，还是不好，这是个问题。

你一定有这样的经历：早上醒来的时候，有时能很清楚地记住昨晚做的梦，有时却怎么也想不起来了！难道是你的记忆力时好时坏吗？

👑 放心，你的记忆力正处于一生中最好的时候，这种现象是你大脑中的一个小部件——海马体造成的。

想要记忆力好，快来求求我！

哈欠~

👑 海马体专门掌管学习和记忆，你的记忆力好不好，全靠它说了算。

👑 我们睡觉时，首先会进入快速眼动阶段，如果这时醒来，海马体就会瞬间清醒，开始工作，这时候做的梦就容易记住。不过，假如你进入另一阶段——深层睡眠阶段，海马体就彻底休息啦！这时候你就算醒来，海马体也要"罢工"几分钟，你做的梦也就被完全忘记啦！

揭秘

我们一般只用一个
鼻孔进行主要呼吸！

为什么人的鼻孔会"偷懒"？

一个鼻孔承担75%的呼吸，另一个鼻孔承担25%的呼吸，每2小时交换一次。这种现象被称为鼻循环。

你可以在家做一个有趣的试验：用鼻子朝镜子呼气，镜子上就会留下2道白痕，那是你的两个鼻孔中呼出的水汽留下的。仔细观察，是不是一条白痕比另一条要大一些？

👑 恭喜你，你看到了一个平日里经常被人忽略的现象——鼻循环。其实我们的两个鼻孔很少"同工同劳"，而是主要靠一个鼻孔呼吸，另一个辅助，每2小时交换一次。

👑 如果想更简单地观察鼻循环，就分别堵住你的两个鼻孔吧！哪个鼻孔呼吸得更顺畅，哪个就是目前的"工作主力"啦！

两个鼻孔搭配，
干活不累！

水……水……

我也想喝水。

👑 为什么会有鼻循环呢？在呼吸的时候，鼻孔中会很干燥，如果一直这样下去，我们的鼻孔就像沙漠一样干燥了！两个鼻孔轮流工作，能均衡地接收空气中的水汽，使鼻孔保持湿润。

09 都说五味是酸、甜、苦、辣、咸，但辣其实不是味觉？

辣其实是痛觉！

酸、甜、苦、咸是舌头上的味蕾感受到的，辣却是化学物质刺激神经形成的一种感觉。

一提到味觉，你的第一反应是什么呢？不出意外，一定是人人皆知的"五味"——酸、甜、苦、辣、咸吧？不过请注意，辣根本不是味觉！

这么说你肯定不信，不过请仔细想一想，味觉到底是什么？我们舌头上有很多味蕾，上面分布着味觉细胞。感受到食物的刺激后，味觉细胞向大脑发送信号，我们也就尝到了味道。

所以，味觉是味蕾受到刺激产生的，但是辣不是！举个简单的例子，将糖涂在皮肤上，你感觉不到甜味，但是将辣椒涂在皮肤上，你却能感觉到火辣辣的！这就说明人身上只要有神经的地方都能感受到辣！

辣是辣椒素、姜酮等化学物质刺激神经，产生的一种类似灼烧的感觉。它不是一种味觉，而是一种痛觉！

揭秘 锻炼其实是在撕扯肌肉纤维!

锻炼竟然是在"迫害"肌肉？

10

实际上,锻炼是先将肌肉纤维撕裂,然后修复,使肌肉纤维变得更粗。

你一定撸起过袖子,向朋友炫耀自己大臂上的肱二头肌吧？在那时,你有没有这样的疑问：都说越锻炼肌肉越发达,为什么锻炼能有这样的神效呢？

我的肌肉发达不？

哇!

不,我觉得你需要吃更多！

我吃不下了……

肌肉

👑 不过你肯定想不到,锻炼其实是在"迫害"你的肌肉！要知道,肌肉才不想变得那么发达呢！锻炼——特别是增肌类的锻炼会轻微撕裂肌肉纤维,肌肉纤维被撕裂后,身体会调配大量营养物质去修补它,而且经常会"修补"过度,使肌肉更粗大、更发达。

👑 我们的肌肉分为肌质和肌腱两部分,肌质就是你平时摸到的鼓鼓的地方,能够收缩和放松；肌腱位于肌质的两端,像结实的皮筋一样,将肌质牢牢"绑"在骨骼上。

11 为什么平平无奇的眼泪也是"灵丹妙药"?

眼泪中有能杀菌的溶菌酶、抗菌的乳铁蛋白和免疫球蛋白等,是阻止细菌进入身体的重要屏障。

回忆一下,你上一次大哭是在什么时候?不要不好意思,哭并没有什么丢脸的,反而是一种发泄情绪的方式。流下来的眼泪,还是"灵丹妙药"呢!

泪腺

眼泪从哪里来呢?你肯定会说,"从眼睛里来",不过更确切一些,眼泪是从眼眶上方的泪腺里产生的。泪腺在你眼眶靠后的位置,通过十几条细细的排泄管和眼球相连。当你哭泣时,眼泪就从这些排泄管中一滴一滴落下来。

在眼泪中,有一种特殊的物质——溶菌酶,它能溶解细菌的细胞壁,将这些讨厌的"入侵者"一举击溃!眼泪中还有能够抗菌的乳铁蛋白和免疫球蛋白等,对那些企图从眼睛"偷渡"来的细菌坚决说"No"!

揭秘
所有人都是从受精卵长大的!

多年前的你竟然只是一个小细胞? 12

爸爸提供一个精子,妈妈提供一个卵子,一个受精卵细胞就出现了!受精卵不断分裂,越长越有"人样"……10个月后,你就诞生了。

你一定问过爸爸、妈妈自己是从哪儿来的,爸爸、妈妈也许会说:"你是送子鸟叼来的,充话费送的,……"但是他们也许不会告诉你,你是从一个小小的细胞——受精卵,长成现在这么大的!

👑 要想形成受精卵,可不是一件容易的事情!爸爸、妈妈要分别提供一个精子和一个卵子,精子和卵子"砰"地撞在一起后,受精卵就诞生啦!

👑 受精卵会住在妈妈肚子里一个叫子宫的地方,越长越大。2个月大时,你已经渐渐有"人样"了。这时,你漂在羊水里,通过脐带和妈妈相连,吸取养分。

4个月

哈!

我是小小武术家!

6个月

喂?

外面有声音!

10个月

住不下了,我要出去!

👑 从4个月大开始,你就在妈妈的肚子里"大展拳脚"啦!大约6个月大时,你已经能听到妈妈肚子外面的声音了;到了10个月大,妈妈的肚子已经装不下你了,你要准备来到这个世界上啦!

13 我们的身体里有一个小小的"化工厂"？

我一天能吃下这么多吗？！

小肠里面的胆汁、胰液和肠液是超强效消化液，能将糖类、蛋白质和脂肪统统消化掉。

算一算，你每天要吃多少东西呢？肉类、青菜、米饭……要是都放在一起，足足能装满一个小脸盆！不过这些东西是怎么变成能量，供我们的身体使用的呢？悄悄告诉你，我们的肚子里，其实有一个小小的"化工厂"！

👑欢迎来到"小肠化工厂"！食物通过胃进入这里，已经变成黏糊糊的一团了，快点来消化它们吧！你需要3种超强效消化液：胆汁、胰液和肠液，它们能将糖类、蛋白质和脂肪分解成小小的颗粒。

👑消化继续进行，食物的颗粒变得越来越小，最后变成了身体能够吸收的营养物质。这时，小肠内壁上突出的绒毛就能派上用场啦！营养物质从这些绒毛进入血液，被运到各个器官的"家门口"。

👑小肠有5~6米长，食物会在里面停留3~8小时。这么长的时间足够消化啦！

小肠化工厂

胆汁

胰液

小肠绒毛

揭秘

"路痴"可能是大脑的"导航"细胞不发达!

"路痴"的大脑跟常人有啥不同？

14

人脑中存在三种"导航"细胞，一种负责确认方向，一种负责辨别空间，还有一种专门定位。

这都是哪儿和哪儿呀？

你知道"路痴"这个词吗？有的人一到新的地方就会迷路，就连最精确的地图也救不了他们——这说的是不是你？其实说到底，这并不是"路痴"的错，可能是他们大脑中的"导航"细胞不发达!

👑科学家通过研究发现，人脑中存在三种"导航"细胞：方向辨识细胞就像指南针，指挥前进的方向；空间辨识细胞负责记忆周围环境；定位细胞则负责确定所处环境的具体位置及距离的远近。只要其中一种或几种细胞不发达，就会成为"路痴"!

方向辨识细胞

空间辨识细胞

路痴

定位细胞

👑"路痴"是不是无药可救呢？当然不! 他们可以扬长避短，可通过锻炼记忆力，来弥补"导航"细胞的不足。当然，最简单的方法，就是打开手机地图，乖乖跟着导航软件走啦!

100米后左转!

15 打哈欠又不是病毒，为什么会"传染"？

真相

打哈欠"传染"其实是一种没办法控制的心理暗示！

当我们的身体感觉疲惫时，大脑就会发出"打哈欠"的指令。
而别人看到我们打哈欠，就会不由自主地模仿起来。

在一个春光灿烂的下午，温暖的阳光洒进房间，照到正在看书的爸爸身上。忽然，爸爸张开嘴巴，打了一个大大的哈欠。你看着爸爸打哈欠的模样，忍不住也跟着打起了哈欠——哎呀，自己怎么被爸爸"传染"啦？

👑 先不要着急怪爸爸！想搞清楚一切之前，我们要先明白，人为什么打哈欠。

👑 我们忙碌后，身体会感到疲倦。大脑收到身体发出的信号后，就会发出"打哈欠"指示，提醒我们该去休息啦！当其他人看到我们打哈欠时，他们的大脑也会触发"打哈欠"指示，接受暗示，不由自主地打起了哈欠，从而产生了"传染"的现象。

告诉身体各器官，要开始休息了！虽然才开始工作5分钟！

清醒多了！

👑 有时候你并不觉得困，为什么还会打哈欠呢？因为打哈欠也是人体自动调节大脑温度的一种手段，忽然吸入一大口清凉的空气，是不是觉得凉快、清醒多了？

竟然有人对 Wi-Fi 过敏？ 16

有些人声称自己只要长期暴露在有电磁波的环境里，就会过敏，就连 Wi-Fi 也不能接触！不过这可能只是一种心理疾病。

你的家里来了一位特别的客人。她是妈妈的朋友，穿着特殊的防辐射服。阿姨说她对各种电磁波过敏，就连 Wi-Fi 也不能接触。啊？竟然还有这种怪病？

怎么了？

我对 Wi-Fi 过敏……

👑 很多人声称自己对 Wi-Fi 过敏，并且有很明显的症状，比如头晕、恶心呕吐、呼吸苦难、全身瘙痒等。专家将这些症状统统归结为"电磁波过敏症"！

👑 在科技发达的现代，我们的身体每天都会接触各种各样的电磁波，家用电器、手机、Wi-Fi 等，甚至连我们自己也能产生微弱的电磁波。但这些能量很小、频率极低的电磁波辐射，并不会对人体产生什么危害，只有核弹爆炸、X 射线等产生的能量大、频率高的电磁波辐射才会伤害人体。

电磁波的碰撞

👑 所以说，那些声称自己对电磁波过敏的人可能并不是真的过敏，而是一种特殊的心理疾病！

17 为什么打呼噜虽然很烦人，却能让人更长寿？

打呼噜时呼吸会短暂停止，大脑就会处于短时间缺氧状态。这样能增强人的心脑血管功能，的确有可能让人更长寿。

小点声啦！

爸爸的呼噜声实在太大啦！妈妈把他叫醒，说这样对身体不好。爸爸却振振有词，说打呼噜会让人更长寿，还从网上找出一篇文章证实自己的说法。这是真的吗？

👑 打呼噜是人体正常的生理现象，不分男女老少。人为什么打呼噜呢？原来，人睡着后，没办法自主控制肌肉，嗓子就成了一个大"通道"。一旦睡觉的姿势不正确，"通道"就被挤得窄窄的，气流经过时就会发出很大的声音，这就是"震耳欲聋"的"呼噜"啦。

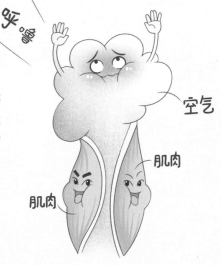

空气

肌肉

肌肉

被迫操练。

心脑血管

👑 至于说打呼噜的人更长寿，也是有一定科学依据的。人在打呼噜时，呼吸会短暂停止，大脑也会暂时处于缺氧状态，这种短暂缺氧可以调节人的心脑血管。中老年人很容易患心脑血管病，有了这种不经意的"操练"，人的心脑血管功能有所增强，就能更长寿啦！

为啥很多东西闻起来臭、吃起来香？

18

人的嘴和鼻子其实都可以"闻"到味道。有时候，人用鼻子闻到的气味，和吃到嘴里的味道是不一样的。

妈妈买了一颗大榴莲，切开以后，臭臭的味道瞬间飘满整个屋子。你捂着鼻子直喊臭，妈妈却吃得津津有味。你试着吃了一口，发现味道也不像闻起来那么臭。这是为什么呀？

> 好臭！快埋掉！

> 臭死啦！

> 哎呀，真香！

👑 原来，人的嘴和鼻子不仅可以用来呼吸，还都有"闻味道"的功能。其中，鼻子是鼻前通路，嘴是鼻后通路。它们对味道的感受有时候并不一致。

👑 就像那颗大榴莲，我们之所以觉得它很臭，是因为榴莲本身含有硫化物，这种物质会刺激人的鼻前通路，让我们觉得难闻。

👑 可把榴莲吃到嘴里后，情况就不一样了。榴莲果肉里香甜的酯类物质在口腔里"爆发"，被鼻后通路感到，让人觉得非常香。

👑 这种闻起来臭、吃起来香的食物，你还知道哪些呢？

> 爱我，怕了吗？

榴莲

19 饿呀，饿呀，"过劲儿"后为什么就不饿了？

因为肝脏分泌了糖分！

当人体消耗能量过多时，血糖含量就会降低。如果不及时补充能量，肝脏就会分解出血糖，营造出一种虚假的饱腹感。

在外面玩了一上午，你的肚子都饿得"咕咕"叫了，可饭还没做好呢！算了，再多等会儿吧！可是等香喷喷的饭菜端上桌，你却感觉不饿了，这是为什么呢？

突然大叫起来了！

我饿啦！

👑 要知道，人类的身体如果想正常"工作"，就必须从食物里汲取能量。食物进入胃里后，会被胃液消化，形成血糖。这些血糖就像是动力强大的汽油，被血液输送到全身各处，驱动身体"机器"运转。

👑 等到身体将这些血糖消耗干净了，就会提出"抗议"，让你产生"肚子饿"的感觉。

👑 可为什么有时饿过了劲儿，就不觉得饿了呢？那是因为人的身体有一个神奇的血糖控制站——肝脏。为了避免人的血糖过高，肝脏会"悄悄"把一部分血糖储藏起来。当你肚子饿的时候，血糖含量会降低，这时，肝脏就会把积攒的血糖从"小金库"里放出来，让你不觉得饥饿啦！

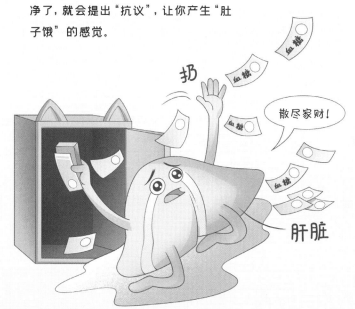

金库

扔

散尽家财！

肝脏

揭秘

煤气达到一定浓度，就会让人窒息而死！

煤气中毒为什么这么让人闻风丧胆？

20

煤气中的一氧化碳被人吸入后，会跟人体内的血红蛋白结合，形成碳氧血红蛋白，这样血红蛋白就没法输送氧气了。

"煤气泄漏了！小心中毒！"院子里，奶奶大声叫喊着。爸爸、妈妈立刻带着你跑出屋子，来到安全的地方。你有些奇怪：煤气罐里煤气不是做饭用的吗？为什么会让人中毒呢？

👑 煤气罐里储存的是液化石油气，主要成分是一氧化碳。如果人不小心吸入大量一氧化碳，那可就有大麻烦了！一氧化碳会进入人的血液中，搭上血红蛋白这辆"顺风车"，而且怎么也不肯下车！

👑 要知道，血红蛋白是负责运输氧气的，而一氧化碳与血红蛋白的结合率是与氧气结合率的 200 多倍！由于一氧化碳的捣乱，血红蛋白无法成功与氧气结合，就失去了向全身各处运氧的能力，人就会慢慢陷入缺氧状态，严重的时候会危及生命！

👑 煤气这么危险，所以我们在日常的使用中，一定注意开窗通风，并仔细检查煤气有没有泄漏哟！

21 切除部分还能再生！肝脏有啥"大本领"？

肝细胞受到刺激会产生分裂！

当肝脏"生病"后，把它的一部分切掉，肝细胞受到刺激，会迅速分裂再生，补好肝脏缺损的部分呢。

叔叔住院了，爸爸带着你一起去探望。你听到他们说，叔叔的肝脏被切掉了一部分，不过以后还能再长出来！你惊讶极了，没想到肝脏还有再生的大本领！它是怎么做到的呢？

👑肝脏是人体的重要器官，有着解毒、消化等功能。一般来讲，肝细胞是一种稳定细胞，平时不会展现出再生的本领。但当肝脏受伤时，受到刺激的肝细胞就会立刻被激活，开始分裂，迅速再生。新细胞会沿着叫作肝小叶的网状支架延伸，最终将肝脏"补全"。

再生大法，启动！

肝小叶

要好好对待我呀。

👑不过这个"再生"本领不是万能的！假如肝脏因为酗酒产生硬化，它就无法施展这个本领，一旦受伤，就是永久性的！所以一定要提醒你的长辈，千万不要酗酒哟！

硬度仅次于金刚石的，竟然是你的牙齿？ 22

牙齿里有一种矿物微粒，它被包裹在牙齿中高度钙化的胶原蛋白纤维里，这样的胶原蛋白纤维层层叠加，就让牙齿无比坚硬了。

哎呀，你嘴里的乳牙居然掉了，还好一点儿都不疼！你看着手里掉落的牙齿，用力捏了捏，发现它好坚硬呀！小小的牙齿是什么结构，怎么这么硬呢？

👑 我们的牙齿本身是一种高度钙化的组织，平时吃东西、说话都少不了它。人在小时候长的牙叫乳牙，差不多在六七岁时就会掉下来，然后慢慢长出恒牙。这些恒牙会跟着人一直生活，直到年老时"退休"。

吃饭的任务就交给你们了！

恒牙

乳牙

再见！

我们是牙齿的"最强护甲"。

矿物质

矿物质

胶原蛋白纤维

👑 牙齿为什么这么坚硬呢？这要从它的结构讲起。牙齿从外到内由牙釉质、牙本质、牙骨质和牙髓组成。科学家发现，在牙本质里，有很多微小的矿物颗粒，它们的"看家本领"就是防止牙齿碎裂。

👑 这些矿物颗粒被"镶"在构成牙齿的胶原蛋白纤维里，这样的纤维层层叠加，使我们的牙齿相当于穿上了多层"护甲"，当然坚固无比啦！

23 飞机起飞时，你为什么会觉得耳朵被堵住了？

飞机在起飞或降落时，机舱里的空气压力会快速变化，使耳朵中的鼓膜突然受到压力，于是就有耳朵被堵住的感觉。

你好！

我听不见！

坐飞机的时候，你有没有过这样的困扰：飞机在起飞的过程中，明显感觉到自己耳朵里面闷闷的，非常不舒服。这是怎么一回事呢？

👑 事实上，不少人在飞机起飞或降落时，都会感觉耳朵发闷！想要搞清楚不舒服的原因，我们要先了解一下人耳的结构。在我们的耳朵里，有一层厚度不到1毫米的薄膜——鼓膜，它负责"听"外界的声音。

👑 当耳朵处于正常的气压下时，不会有不舒服的感觉；一旦气压突然变动，鼓膜内外的气压平衡就会被打破，鼓膜发出"抗议"，由此产生了耳朵被堵住的感觉。

👑 飞机正常飞行时，机舱内气压跟平时差不多，人不会觉得耳朵闷；但飞机在起飞或降落的过程中，机舱内的气压突然变化，对鼓膜的压力加大，我们的双耳就会感到不舒服啦！

压力山大呀！我要抗议！

揭秘 抽筋是人体肌肉不由自主地收缩！

哎呀呀！为什么小腿又抽筋啦？ 24

有时，人体肌肉会不受控制地收缩，这种现象就是"抽筋"。
抽筋的原因有很多，比如受凉、疲劳、缺钙等。

啊！

小腿抽筋了！

清晨的阳光照进卧室，你闭着眼睛，在床上伸了个懒腰。忽然，你感觉小腿的肌肉猛地一收缩，剧烈的疼痛席卷了全身！你痛得在床上直打滚。妈妈告诉你，这种现象叫抽筋。你感到很不理解：为什么好端端的会抽筋呢？

抽筋是人体一种很正常的生理现象。在人的骨骼周围，包裹着几百块肌肉，它们平时都老老实实地"埋头工作"，但有的时候也会因为受到某些刺激而剧烈收缩，产生剧烈的疼痛。这种现象就叫抽筋。

抽筋中……

我倒不觉得冷……

太冷啦！我们要抽筋啦！

人为什么会抽筋呢？原因其实有很多。当你长时间剧烈运动时，肌肉就会缺氧、缺血，开始抽筋；当你不注意保暖时，肌肉长时间"瑟瑟发抖"，血液循环不畅，也会导致抽筋。如果这些原因都不是，那很有可能是因为你的身体处于生长"旺季"，补钙不及时啦！

25 闻到就流泪——洋葱的威力怎么那么大？

真相

洋葱中的刺激性物质会让人流泪！

洋葱里含有刺激性的硫化物，切开洋葱时，这些硫化物就会飘到空中，进入并刺激人的眼睛和鼻子。

妈妈开始准备午饭啦，快去看看她在做什么吧！你走进厨房，看到妈妈在切洋葱。哎呀！你突然觉得眼睛好辣，眼泪也止不住地流了下来！妈妈赶紧帮你擦掉眼泪，并告诉你：一切都是洋葱"惹的祸"。

洋·捣里鬼·葱

呀！

张骞

乖啦！

👑 洋葱是一种原产于西亚的蔬菜。西汉时期，张骞出使西域，将洋葱带到了中国。洋葱营养丰富，有很多优点，不过一旦把它切开，人就会"泪流满面"。这是怎么回事呢？

👑 原来，洋葱里含有很多刺激性的硫化物。平时，这些硫化物"安分守己"，老老实实地待在洋葱里。一旦有人扒开外皮，或切开洋葱，硫化物就会迅速飘散到空气中，向周围的一切展开"无差别攻击"。

攻击！攻击！

硫化物

硫化物

硫化物

👑 硫化物具有强烈的刺激性，会刺激你的鼻黏膜，让你流鼻涕；还会刺激你的眼睛，让你虽然没有伤心事，也会"泪流满面"。

你的某些动作，其实根本"不过大脑"！ 26

像膝跳反射这类动作，是在执行脊髓下的"命令"。这是因为控制膝跳反射的神经都在脊髓里。

爸爸带着你去体检。医生叔叔让你坐在椅子上，把一条腿搭在另一条腿上，然后用小锤子轻轻敲你的膝盖。神奇的事发生了，你明明没想动，腿却自己弹了起来！是你的大脑一瞬间"掉线"了吗？

很多人以为，人想要做出各种各样的动作，必须由大脑来控制。其实这个说法并不准确。有些动作并不需要大脑这个"司令官"劳神，而是由脊髓操控的，比如膝跳反射。

先做动作，不用告诉大脑了！

是

脊髓将军

没难度的事情我不做。

大脑总司令

膝跳反射是什么呢？简单来说，就是在敲击膝盖下方的韧带时，小腿做出往前踢的动作。膝跳反射是人体最简单的反射类型，操控它的是位于脊髓灰质里的低级神经中枢。也许觉得这个动作"太没难度"，不需要打扰大脑，身体就"自作主张"，全权交给脊髓啦！

不过，在完成膝跳反射后，脊髓也会发出信号，向大脑"汇报"。所以当你意识到膝盖被敲击的时候，已经踢完腿啦！

27 轻轻一按，你就能留下自己的"专属标识"！

四周没人吧？

指纹并不是人独有的特征，其他灵长类动物也有指纹。科学家发现，指纹的形成与控制肢体发育的基因息息相关。

家里换上了高科技的指纹门锁，只要在感应指纹的位置用手指触摸一下，门就会"咔哒"一声自动打开！这可真奇妙！不过陌生人是不是也能通过指纹，进入你家呢？

我也要算命。

我有两个斗形指纹，帮我算算命吧。

5桃/次

👑 那是不可能的！因为人的指纹独一无二，堪称每个人的"专属标识"！指纹通常有三种基本的形状：斗形、弓形以及箕形。指纹并不是人类独有的，其他灵长类动物也有指纹。

2岁的指纹　　20岁的指纹

👑 指纹是怎么形成的呢？在过去，科学家认为指纹只是皮肤的一种特殊变化，毫无规律可循。但最近的研究表明，指纹的形成跟控制肢体发育的基因有很大关联。在婴儿时期，你的指纹就已经产生了，随着成长，指纹的面积会越变越大，但是形状却不会改变！

揭秘
气温降低会促进人体的生理代谢！

为什么天一冷，人就爱"跑厕所"？ 28

气温降低会让人的生理代谢加快，体内"废水"变多，人去厕所的次数就相应变多了。

天气变冷了，衣服越穿越厚，把你裹得像一只小熊！哎呀，好气人！好不容易才把每一件衣服穿好，怎么又想去厕所了呢？寒冷的天气和厕所是有什么神秘的"约定"吗？

你5分钟前才去过呀！

我要去厕所。

👑人为了维持生命，每天都要喝大量的水，身体中的代谢废物会溶解在这些水中，再通过尿的方式排出体外。不过有些时候，你的尿变得不那么正常。比如在天冷的时候，你会发现，尿总是出奇地多。

👑科学家早就对"天冷跑厕所"这件事情感兴趣了。他们通过研究发现，人体这台"机器"对外界气温的变化十分敏感。气温变低时，人体的生理代谢会加快，身体中的大量水被代谢掉，去厕所的次数也就变多了。这就是所谓的"冷利尿"。

👑另外，天冷的时候出汗少，那些本来应该通过出汗排出的水分也变成了尿液，所以只能多去厕所啦！

水分的归宿大多都是我！

尿液

29 美丽的头发，为什么总在不断地"掉掉掉"?

呜呜，我们的头发……

头发也是有寿命的。每根头发在 2～6 年后，都会停止生长，发根逐渐松动，并迎来脱落的命运。

今天，你早早起床，勤劳地扫地，结果扫出了一大堆头发! 有妈妈的长头发、爸爸的短头发和你自己软软的头发。天哪! 你们一家人竟然掉了这么多头发，这样下去，会不会变成秃头呀?!

👑 不要紧张，掉头发是一个再正常不过的生理现象了! 我们的每根头发都有寿命，它会在毛囊中生长 2～6 年，逐渐变长; 接着，这根头发就会迎来 2～3 周的退行期，在这期间它会停止生长，并逐渐走向衰老; 接着就是 2～3 个月的休止期，这时发根会松动，头发随时会脱落!

不要管我们，我们已经在休止期了!

我不想再熬夜了! 再见!

头发

👑 我们每个人平均有 10 万根头发，每天掉落 70～100 根是很正常的。当然，假如人的压力过大、习惯性熬夜，头发就会提前进入休止期，早早地"离家出走"!

👑 所以，一定要提醒爸爸、妈妈爱护头发哟!

揭秘 鼻腔与咽腔相连，鼻涕大多"滑"到胃里去啦！

‖ TIE MI

每天分泌的鼻涕，竟都被我们"吃"掉了！ 30

鼻涕是鼻腔分泌出的黏液，里面有黏液蛋白和溶菌酶。鼻腔与咽腔相连，鼻涕大多数随着吞咽，跑到胃里去了。

说到鼻涕，你是不是感到很恶心？这种鼻腔分泌的黏糊糊的液体，总是沾着灰尘和细菌。但如果告诉你，你其实每天都在被迫"吃鼻涕"，你敢相信吗？

好恶心……

咽腔　我是唾液。　我是鼻涕。　鼻腔

我们一起去胃里旅行吧！

👑 事实的确是这样的！人一天分泌的鼻涕多达上百毫升，但擤出来的也就那么一点点！这是因为人的鼻腔和咽腔是相连的，很多鼻涕在分泌出来后，就顺着鼻腔向下"滑"，再随着你吞口水、吃饭的动作，跑到胃里去啦！

交给我，请放心！

👑 可是鼻涕上沾了那么多灰尘、细菌和微生物，脏兮兮的，吞到胃里会不会让我们生病呀？这你就放一百个心吧！我们的胃会分泌强效的胃酸，这么一点点细菌和微生物对它来说，简直就是"小菜一碟"！

还没看过瘾?
那就继续吧!
GO!

👑 人的眼为什么总要"眨啊眨"?

眨眼是人正常的生理活动。泪腺会分泌眼泪,通过眨眼可以将眼泪带到全眼,保持眼角膜、结膜湿润。此外,眼泪中的溶菌酶能清除结膜囊的细菌,防止眼部感染。

👑 人为什么要睡觉?

人在进入睡眠状态时,身体会进行自我修复,生长肌肉、调节新陈代谢。同时,睡眠可以使大脑得到充分的休息,将记忆整合,进行长期储存。

👑 为什么人冷的时候会发抖?

如果我们长时间处于寒冷的环境中,身体中的热量就会慢慢散失掉。这时,人体就会通过发抖的方式来震颤肌肉,以产生热量保持体温。

👑 测视力时为什么要遮上一只眼睛?

因为人两只眼睛的视力不完全相同,有可能一只眼睛近视、另一只眼睛正常;或者两只眼睛都近视,但度数不一样。为了保证测试的准确性,测视力时要轮流遮上一只眼睛。

👑 为什么不要躺着看书?

仰躺着看书时,手一直举着,眼睛和书的距离不固定,迫使眼球不断调焦,眼睛易疲劳;侧躺着看书会压迫眼球,导致左、右眼眼压不均衡,长期如此会导致左、右眼近视度数不一样。

👑 耳朵是怎么听到声音的?

耳朵是人体的听觉器官,包括外耳、中耳、内耳三部分。声音通过耳道到达鼓膜,引起鼓膜振动,这些振动由听小骨传递给耳蜗,耳蜗再把振动收集起来,通过听觉神经传递给大脑的听觉中枢,我们就听到声音了。

👑 人的嘴唇为什么是红色的?

嘴唇上的皮肤特别薄,皮肤下布满了又细又密的微血管。这些血管里流动着鲜红的血液,血液的红色从嘴唇上薄薄的皮肤内透出来,就使嘴唇看上去是红色的了。

👑 为什么有的人肤色白,有的人肤色黑?

人肤色的白黑取决于皮肤中黑色素含量的多少,黑色素多的人肤色就黑,黑色素少的人肤色就白。而黑色素的多少一方面源于遗传因素,另一方面和后天保养有关。

👑 伤口为什么会自己愈合?

血液里的血小板具有凝血作用。当出现伤口时,血小板会迅速聚集到伤口处,释放出让血液凝固的物质,并形成血痂。随后,伤口周围的上皮细胞会从四面八方长出来,将血痂"挤掉","补好"伤口。

👑 为什么酸东西吃多了会"倒牙"?

"倒牙"是牙齿的一种过敏症。牙齿分为牙釉质、牙本质、牙骨质和牙髓四部分,其中牙釉质起到保护作用。如果牙釉质受损,露出了牙本质,就会在酸性物质的刺激下,出现"倒牙"。

👑 剧烈运动前为什么要"热身"?

人体在处于平息状态时,关节、韧带、肌肉都比较僵硬,如果突然进入剧烈运动状态,容易造成关节、韧带损伤和肌肉拉伤。运动前热身,可以扩大关节的活动范围,让四肢更灵活。

👑 吃饭时为什么要细嚼慢咽?

细嚼慢咽可以增加食物在口腔中停留的时间,让食物更充分地与唾液混合，有助于胃肠的消化吸收。细嚼慢咽还能够延长吃饭的时间，在吃饱时及时"通知"大脑，以免暴饮暴食。

为什么有的人说话会结巴？

结巴有可能是生理原因导致的，比如大脑里的言语中枢出现了短暂性缺血；或是舌头下面的舌系带出现了异常；也有可能是因为性格腼腆、内向，和人沟通的时候感到紧张、焦虑，从而出现说话不流畅的现象。

为什么人体内会有"小石子"？

结石一般由人体的代谢产物构成，会出现在胃、肾、胆囊等各个地方，绝大部分是因为人体的代谢异常产生的。像尿液中常见的结石一般由钙、草酸、尿酸和胱氨酸等构成，产生的原因可能是饮食习惯不好或喝水太少了。

为什么都说水是生命之源？

成年人体重的60%是水，儿童体内的水含量更是高达80%。细胞的生存需要水来维持，各个器官的正常运转也需要水。人不可一天无水，动植物的生长也离不开水。没有水，地球上就不会有生命。

新生儿为什么会大声啼哭？

在妈妈的肚子里，婴儿通过脐带呼吸、生存。出生后，婴儿会通过大声啼哭打开肺泡，吸入第一口空气，以便可以正常呼吸。如果新生儿憋着不哭，就会因为呼吸困难导致缺氧，影响智力，甚至危及生命。

有些人为什么是色盲？

大多数色盲是遗传导致的，有少数是后天疾病造成的。最常见的色盲是红色盲和绿色盲，红色盲不能分辨红色与深绿色，绿色盲则会把绿色看成灰、黑色。

大脑为什么越用越灵？

生命在于运动，大脑也是。人的大脑皮层约有140亿个神经细胞，但普通人在一生中大约只用了其中的10亿个。经常用脑可以进一步开发脑潜力，让更多的脑细胞"起来干活"，使脑细胞更加发达。

人老了后为什么会变矮？

人老了后骨骼中的钙会逐渐流失，造成骨质疏松，使软骨变薄、关节老化，脊柱也会出现问题。这一系列问题会导致整个骨骼长度"缩水"，人也开始弯腰驼背，看上去就变矮了。

为什么人有时候会打嗝？

打嗝也称"呃逆"，形成的原因有多种，其中最常见的是饭后打嗝。这一般是由于吃了生冷的食物或吃饭过快，刺激了膈肌，膈肌痉挛导致的。出现打嗝不停的情况时，可以口含温水慢慢咽下，或是热敷腹部。

人为什么会变老？

人变老是一种自然规律，无法抗拒。随着年龄的增长，人体的组织、器官慢慢衰竭，功能退化。同时，人体内的含水量减少，体重减轻，皮肤松弛。这就是人变老的表现了。

人感冒时为什么会发烧？

感冒时发烧其实是抵抗力强的表现。当人体有细菌、病毒等异物"入侵"时，免疫系统就会被"激发"，通过提高体温让白细胞活跃起来，增强它们对细菌、病毒的吞噬能力。

为什么有的年轻人也有白头发？

导致"少白头"一般有两种原因，一种是遗传因素，另一种是自身营养不足。有的年轻人因为挑食或胃肠功能不好，身体缺乏钙、铁、锌等微量元素，就有可能导致"少白头"。

什么是"多动症"？

多动症是注意缺陷障碍症，是儿童的神经系统发育不完善的一种表现。患有"多动症"的孩子总是停不住，活动过多、爱冲动、注意力不集中。不过不要担心，成年后，"多动症"一般会自行缓解。

人冷的时候为什么会起"鸡皮疙瘩"？

鸡皮疙瘩有保存体温的"神效"。当大脑感知到寒冷时，交感神经会"命令"身体的立毛肌收缩，使汗毛直立起来，从而出现鸡皮疙瘩。起鸡皮疙瘩时肌肉收缩，可以产生热量，同时关闭毛孔也能防止热量散失。

人为什么会出汗？

出汗是人体正常的新陈代谢，可以调节体温，排除体内垃圾。当天气炎热时，身体就会出汗，汗液在蒸发的过程中会带走人体的热量，让人感到凉爽。

血液为什么是红色的？

血液中含有大量的红细胞，红细胞中含有血红蛋白，血红蛋白中的血红素中含有铁。铁和氧气结合后，会形成鲜红色的氧合血红蛋白，氧合血红蛋白在血液中"旅游"，使得红细胞、血液都变成鲜艳的红色。

为什么总用牙签剔牙不好？

经常用牙签剔牙容易使牙齿的缝隙变大，从而更容易塞牙，还会影响牙齿的美观。更可怕的是，还有可能引起一些牙周疾病，造成牙龈萎缩！

指甲为什么会不停生长？

指甲不断生长是由于人体有基础代谢，会导致细胞不断生长。指甲是表皮衍生的一种特殊结构，它本来是表皮细胞，逐渐演变为角质蛋白。人体的代谢使细胞和蛋白不断产生，所以指甲就会不断生长。

为什么要勤洗手？

手经常接触外部环境，会沾染很多病毒、细菌、虫卵等有害物质。如果我们用脏手拿东西吃，这些病菌就会和食物一起进入我们体内，让我们染上很多疾病。所以，从外面回家和饭前、便后，一定要记得洗手。

皮肤有什么作用？

皮肤是人体最大的器官，覆盖整个人体，对我们至关重要。首先，皮肤是人体的第一道屏障，能保护体内器官组织不受外界环境影响，也能有效抵御外界微生物的侵害。同时，人通过皮肤也可以感知冷暖、疼痛等。

什么是假性近视？

我们在平时的学习中，如果不注意合理用眼，眼睛就会干涩、疲劳，出现看东西模糊的症状，这就是假性近视。假性近视主要是用眼过度，导致睫状肌持续收缩、痉挛引起的，及时治疗很快会恢复正常。

做眼保健操为什么能保护视力？

做眼保健操时会闭上眼睛，让眼睛能得到充分的休息。同时，眼保健操通过按摩眼睛周围的穴位，能促进眼睛周围的血液循环，有效缓解眼睛疲劳。

为什么晚上也要刷牙？

人的唾液具有杀菌作用。白天唾液分泌充足，能抑制口腔中细菌的繁殖。晚上入睡后，唾液分泌减少，给口腔中的细菌创造了繁殖的条件，容易引起龋齿。

为什么伤口愈合时会痒？

伤口在愈合过程中神经组织也在生长，新生的神经组织对周围的环境特别敏感，即便受到外界环境轻微的刺激，也会做出反应，使人产生"痒"的感觉。

为什么有的人头发硬，有的人头发软？

一个人的头发是硬还是软，主要与遗传有关系，也与后天营养有关系。一般头发又粗又硬说明营养充沛，头发又细又软可能营养不良，缺乏钙、锌等微量元素。

为什么身体被撞击后，皮肤会变成青紫色？

当人体受到撞击时，皮肤下的血管就会出现破裂，使血液在皮下堆积，形成瘀斑。透过半透明的皮肤看这些瘀斑，就呈现青紫色。一般来说，这种青紫色瘀斑会在 2 ~ 3 周的时间里逐渐消失。

夏天为什么容易中暑？

夏天天气炎热，地面温度高，空气湿度大，人体散热困难。如果长时间在高温下工作，就会导致身体温度过高，引起中暑。如果真的中暑了，可不要掉以轻心！要立刻到阴凉、通风处休息，并补充水分，如果不是很严重可自行恢复。

为什么不要抠鼻孔？

鼻腔内的黏膜非常脆弱，抠鼻孔容易把鼻黏膜抠破，引发出血、炎症等。鼻子中的鼻毛有过滤、加湿空气的功能，抠鼻孔容易造成鼻毛脱落，使鼻腔对空气的过滤效率降低。

为什么发烧时感觉冷？

人发烧时，身体为了保持高温状态，会产生过多的热量，散热能力却减小很多。在高温的刺激下，人体的交感神经会异常兴奋，毛细血管迅速收缩。血液流向四肢的"通路"变窄了，人就会感到四肢冰凉，产生冷意。

为什么有时一觉醒来会落枕？

睡觉落枕是睡眠时姿势不正确引起的。睡觉时如果使颈椎一侧长时间受力，导致肌肉出现慢性劳损，就会出现落枕的症状。此外，颈部受凉、枕头过高或过低、患有颈椎病等，都可能引起落枕。

伤口碰着盐为什么会更疼？

食盐不小心弄到伤口上，会使伤口上细胞内的水分向外转移，导致这些细胞脱水、坏死。这种信号刺激到伤口的末梢神经，就会引起剧烈的疼痛。

为什么有的人牙齿不整齐？

一部分人牙齿不整齐是儿童时期后天的不良习惯造成的，例如，经常用嘴呼吸、吮指、吐舌等不良习惯，都会导致长大后牙齿不整齐。

为什么眼睛吹到风容易流泪？

这就是我们平时所说的"迎风流泪"现象。当眼睛吹到风时，泪腺会受到刺激，从而分泌泪水冲刷、抵御刺激物，对眼睛起到保护作用。因此，对正常的眼睛来说，"迎风流泪"其实是一种自我保护机制。

发烧时为什么要多喝热水？

多喝热水可以补充人体流失的水分，加速新陈代谢；还可以增加人体的排尿量，排出体内的部分细菌、病毒等。不过无论生病与否，水温都应该在 18 ~ 45℃之间，过烫的水会伤害牙釉质，还会强烈刺激咽喉、消化道和胃黏膜。

中国人的头发为什么是黑色的？

头发的颜色是由头发中真黑素和棕黑素的比例决定的。含真黑素较多的头发呈黑色或棕色，含棕黑素较多的头发呈黄色或红色。中国人的头发中含真黑素的比例高达 98% 左右，所以是黑色的。

眉毛有什么作用？

别看眉毛短短的，似乎可有可无，其实它有着很大作用。出汗和下雨时，眉毛让流下的水"改路"，防止它进入眼睛。除此之外，眉毛还可以表达心情，是人际交往中不可或缺的"工具"。愁眉不展、眉开眼笑等表达情绪的词，都与眉毛相关。

为什么藏族人的脸大多红红的？

藏族人大多生活在高原地区，这里的海拔比较高，空气稀薄，紫外线照射强烈，导致人脸部的毛细血管长期处于扩张状态，脸就变得红红的了。

♔ 为什么北方人普遍个子高?

北方地区由于气候寒冷,能刺激人体分泌更多的生长激素,因此容易产生高个子。此外,北方人的饮食结构更偏向于吃牛羊肉制品和面食,这些食物会给人提供更多的能量,促进骨骼生长。

♔ 关节为什么有时会"咔咔"响?

长时间不活动后突然活动,会造成关节腔压力异常,从而发出响声。如果长时间保持不良姿势,会造成关节损伤,也会导致关节"咔咔"响。

♔ 人害羞时为什么会脸红?

人害羞的时候,身体里会产生一种叫作肾上腺素的物质。肾上腺素会让血管里的血液增多,使血液流得更快。人的脸部毛细血管丰富,皮肤比较薄,所以看上去就要比身体的其他部分更红一点。

♔ 吃多了咸东西后为什么会口渴?

人体内的水分和盐分必须保持平衡,否则身体就会感到不适。当我们吃多了咸东西后,身体就会发出"指令",要求摄入水分来稀释盐分,将多余的盐分溶解,通过肾脏排出体外,因此会出现口渴的感觉。

♔ 晚上看电视时为什么要开灯?

关灯看电视时,由于周围环境很暗,人的瞳孔会放大,导致进入瞳孔的光线增多,时间久了对眼睛伤害很大,容易引起或加重近视眼。所以晚上看电视时,最好开一盏不太亮、光线比较柔和的小灯。

♔ 吃饱饭时为什么会困?

吃饱饭时,血液大部分流到胃部去消化食物,导致脑部供血减少,所以人就会感觉很困。

♔ 为什么笑的时候也会流眼泪?

人的泪腺受三叉神经和交感神经支配,当人大笑时,会引起交感神经兴奋。交感神经刺激泪腺,就会导致泪腺分泌大量泪液,所以有的时候我们会"笑出眼泪"。

♔ 为什么有的人会说梦话?

人在睡觉时,部分脑细胞仍然处于活跃状态,所以人会做梦。说梦话就是做梦的一种表现,有些人会把梦境中的事情通过语言表达出来。这是一种正常的生理现象。

♔ "望梅"真的能"止渴"吗?

"望梅止渴"是一种条件反射。人在吃梅子的时候,梅子的酸味会刺激唾液腺,使人分泌大量唾液。久而久之,人就形成条件反射,把"梅子"和"分泌唾液"联系在一起,即使没吃到梅子,只要一想起,也会疯狂分泌唾液,产生"止渴"的效果。

♔ 手肘上的"麻筋"是什么?

如果你不小心撞到了手肘上的"麻筋",就会感觉小指、无名指一侧的手变麻了。这根"麻筋"的学名是尺神经,它在上臂的内后侧,连接着肘关节和手部。只有小指和无名指受尺神经的支配。

♔ 为什么打喷嚏会伤颈椎?

打喷嚏时会产生巨大的压力,如果这时我们捂住口鼻,不让压力释放,胸腔的压力就会"越憋越大",造成急性颈椎疼痛,损伤喉部、听力,甚至造成肋骨骨折!

♔ 为什么人容易"悲秋"?

很多人一到秋冬就会情绪低落、疲乏困顿,这是因为秋冬时期的日照时间变短,人体内与情绪有关的血清素含量就会降低,让人变得情绪低落。同时,与睡眠有关的褪黑素含量升高,又会让人感到"睡不醒"。

万物由来

写给孩子的
很热很热的冷知识

动植妙趣
+
地理揭秘
+
太空奇景

捕梦星球 著
枫芸 绘

北京理工大学出版社
BEIJING INSTITUTE OF TECHNOLOGY PRESS

图书在版编目（CIP）数据

万物由来：写给孩子的很热很热的冷知识：全2册 /
捕梦星球著；枫芸绘. -- 北京：北京理工大学出版社，
2023.4

ISBN 978-7-5763-2203-3

Ⅰ. ①万… Ⅱ. ①捕… ②枫… Ⅲ. ①科学知识—青
少年读物 Ⅳ. ①Z228.2

中国国家版本馆CIP数据核字（2023）第048662号

出版发行 / 北京理工大学出版社有限责任公司
社　　址 / 北京市海淀区中关村南大街 5 号
邮　　编 / 100081
电　　话 / （010）68914775（总编室）
　　　　　　（010）82562903（教材售后服务热线）
　　　　　　（010）68944723（其他图书服务热线）
网　　址 / http://www.bitpress.com.cn
经　　销 / 全国各地新华书店
印　　刷 / 唐山才智印刷有限公司
开　　本 / 787 毫米 × 1092 毫米　　1/12
印　　张 / 18　　　　　　　　　　　　　　责任编辑 / 陈莉华
字　　数 / 280千字　　　　　　　　　　　文案编辑 / 陈莉华
版　　次 / 2023 年 4 月第 1 版　　2023 年 4 月第 1 次印刷　　责任校对 / 刘亚男
定　　价 / 158.00元（全2册）　　　　　　责任印制 / 施胜娟

HA!
动植物原来这么逗

YEAH!
地球上的大发现

GO!
向外太空出发

亲爱的小读者，你好呀！

欢迎回到冷知识的世界。

在这里迎接你的是：

逗趣搞笑的动植物，

妙趣横生的天文地理，

奇幻神秘的宇宙学……

赶快翻开书页，继续探索吧！ GO！

HA！
动植物原来这么逗

01 为啥榕树偏偏要把根"挂"起来？

ZHEN XIANG |||
真相

"挂"起来的其实是榕树的气根！

榕树的枝条上有很多皮孔，独特的气根就是从这里长出来的，为榕树吸取水分和养料。

假如你走进一片榕树林，一定会被眼前的景象惊呆！榕树巨大的枝杈上挂满了"流苏"。有的垂在半空中，有的深深扎入泥土。这些"流苏"是从哪里来的呢？榕树"背"着它们，难道不会累吗？

👑 这些"流苏"其实是榕树的气根！榕树的枝杈上有许多皮孔，气根就从这里长出来，为榕树吸取空气中的水分和养料。

👑 气根越长越长，最后垂到了地面上。这时，它们的"钻地神功"就会被唤醒，使劲儿往土里钻，去享用地下丰盛的"无机盐大餐"。从外表上看，这些扎在土里的气根好像在支撑着榕树高大的身躯，因此被称为支柱根。

👑 榕树的寿命可达一千年，它的每根枝条上都会长出许许多多气根，形成一片郁郁葱葱的"小森林"！

用墨鱼的墨汁来写字是不是能就省墨水了? 02

墨水里面有特殊的留色成分,而墨鱼汁是由水、黑色素和蛋白质组成的,并没有留色成分。

5元一瓶,买一送一!

放学回家,你看到妈妈正在清洗墨鱼,墨鱼汁把水染得黑黑的。你有没有突然产生用墨鱼的墨汁写字的冲动呢?相信我,如果你不想让自己的辛苦白费,千万别这样做!

让我尝一口你的墨汁!

救命!

墨鱼是一种软体动物,也叫乌贼。墨鱼有一个神奇的技能,就是能将水、黑色素和蛋白质混合在一起,形成黑黑的墨汁,并储存在体内的墨囊里。墨鱼汁虽然不太好看,蛋白质含量却是牛奶的 3 倍,是餐桌上的一道美味佳肴!

找不到北了……

这才是墨汁的真正用途!

墨汁还是"秘密武器"呢!当墨鱼遇到危险的时候,就用墨汁当"水下烟雾弹",染黑周围的海水,遮蔽敌人的视野,然后趁机逃跑。

不过,墨鱼汁可不像超市里的墨水一样,含有留色成分,所以就别想着用墨鱼汁写字啦,否则我们认认真真写的字会消失,这可太糟糕啦!

03 蜜蜂为什么对六角形的"房子"情有独钟?

蜜蜂的房子每一面都是紧密排列的六角形。这些"六角形小屋"就是蜜蜂用来储存蜂蜜、养育幼虫的场所。

当你走进乡下的小树林时,常常能发现一个有趣的现象:一棵树上挂着一个大大的蜂巢,无数蜜蜂在周围"嗡嗡嗡"地飞着,将自己辛勤采来的花蜜塞进一个个六角形"小屋"里。奇怪!蜂巢为什么都是六角形的呢?

蜜蜂学堂

筑巢宗旨

好深奥。

今天学如何筑巢……

简单!

👑 要知道,建蜂巢的材料可不是钢筋水泥,而是工蜂从腹部分泌出来的蜂蜡。你可以想象,要建一个那么大的蜂巢,是件多么耗费体力的事啊!所以,聪明的蜜蜂的筑巢宗旨就是:用最低的成本建最大、最牢固的房子!

👑 世界上有各种各样的形状,蜜蜂却只对六角形"情有独钟"。仔细观察你会发现,在周长相同的情况下,六角形的面积最大。哪只蜜蜂不想住宽敞的房子呢!

六角形的屋子面积更大,能多放下一台空调!

👑 聪明的蜜蜂还将这些六角形"小屋"紧密排列在一起,这样蜂巢各个地方的受力是均等的,蜂巢就会更加坚固。一个薄薄的蜂巢,甚至能承载几千克的蜂蜜呢!

既为了能吃饱饭，也为了求偶！

长颈鹿，你的脖子咋那么长？

长颈鹿的身高超过5米，光脖子就有2米长。它们演化出长脖子一方面是为了吃，另一方面是为了"找对象"。

世界认证的长脖子

花斑衣服

大长腿

假如你来到动物园，一定会被世界上最高的动物——长颈鹿牢牢吸引住！它们穿着花斑"衣服"，长着瘦瘦的大长腿，最引人注目是2米长的脖子！不过，长颈鹿长那么长的脖子有啥用呢？

我走还不行吗……

咕咕咕

胜利

淘宝

👑 长脖子的用处可大了！1500万年前，长颈鹿的祖先还是"短脖子"一族，靠吃低处的树叶填饱肚子。渐渐地，树木越长越高，长颈鹿吃不到树叶，肚子饿得"咕咕"叫！为了吃饱，长颈鹿只能伸长脖子去够高处的树叶，就这样，树越长越高，长颈鹿的脖子越来越长啦！

👑 另外，每只雄性长颈鹿都怀着一个小心思，那就是获得异性的"芳心"。所以，雄性长颈鹿会用自己的长脖子作战斗武器，甩动脖子和头部攻击"情敌"，就像拿着流星锤的勇士。谁的脖子长，谁就能把对手打趴下。日复一日，年复一年，长颈鹿的脖子就变成现在这么长啦！

05 为什么有些面包不在面包店里，而是"长树上"？

真相

树上的"面包"是猴面包树的果实！

猴面包树的果实就是猴面包，绿色的，酸味很重，有着丰富的营养价值，深受猴子的欢迎。

面包店里的面包可真好吃呀！松松软软，香味扑鼻！不过，面包在面包店里一点都不稀奇，有种面包"长"在树上，还是绿色的，你吃过吗？

很好吃的样子！

天然面包，不吃白不吃，吃了不白吃！

👑 这种"面包"就是猴面包树的果实！猴面包树生长在非洲、地中海等地区，它的果实大如足球。每当果实成熟时，猴子就会成群结队而来，像人们吃面包一样大嚼果实，所以人们就叫它"猴面包树"。

太酸啦！

👑 说到这儿，你大概会觉得猴面包树的果实香甜可口，那你就错了！这些果实是硬的，生吃酸味很重。马达加斯加当地人会将它们烤干，碾成粉，再抹上点蜂蜜，这样就变得美味极了！

👑 别看这些天然"面包"不太好吃，但假如干渴难耐的人找到一棵猴面包树，就能拯救他的性命！要知道，猴面包中富含营养物质，特别是维生素 C 的含量，足足是橙子的 10 倍！

不起眼的小河狸竟然比工程师还厉害？ 06

河狸是"天才工程师"，它们会用木材、泥土和石块建筑水坝，保护自己的巢穴不被捕食者袭击。

河狸一家大合照

茂密的树林里，一场大工程正在进行。树木一棵棵倒下，树叶"沙沙"作响，不一会儿的工夫，地上就铺满了厚厚的树枝……原来是河狸一家在河边造房子呢！不过在此之前，它们要先建造一座高高的水坝。

👑 水坝的主要材料是树干和树枝，在森林里就地取材就好了！河狸是优秀的"伐木工人"，它们不用锯，直接用强大的门牙"嘎吱，嘎吱"啃，一会儿就能咬断一棵粗壮的大树！

5分钟咬断一棵！

河狸伐木队

还是用电锯方便。

👑 有了建筑材料，就开始建水坝了！河狸先用树干、树枝做主框架，再把中间的缝隙用树叶、泥土和石块填充好。经过几小时的辛勤劳作，一个像模像样的水坝就完成啦！

河狸工程队

👑 水坝抬升了河水的水位，河狸就能把"豪宅"的门修建在水下啦！不管刮风下雨，位于水面上部的河狸的家都能保持温暖干燥，还不用担心被捕食者袭击！怎么样，河狸是不是聪明又厉害？

07 雨后的森林里为什么会凭空冒出许多"小伞"?

砰

蘑菇属于真菌,通过孢子繁殖。孢子落地后,吸收水分,变成子实体。大雨过后,子实体飞快成熟。

"哗啦啦"下了一场雨,空气清新又湿润。如果你这时去森林里散步,就会看到草地上撑起了一把把"小伞"——蘑菇。为什么晴天的时候连蘑菇的影都见不到,下完雨就都冒了出来呢?

再见了妈妈,我要去远航。

孢子

这个家伙也有根!

嘘!这是菌丝,不是根!

我的孩子!

♛ 蘑菇长着一个大菌盖,就像巫师的帽子。它没有种子,只能产生孢子进行繁殖,一阵风吹过,孢子就轻飘飘地飞了起来,随风飘向遥远的地方。

♛ 孢子落到土壤中,就会产生细细的菌丝,努力吸收养分和水分。慢慢地,孢子长成了子实体形态——这就是蘑菇"小时候"的样子。

♛ 子实体很小,不容易被人们发现,一旦喝饱水分,它们就会在很短的时间内迅速长大、长高。这就是为什么,在雨后的森林里,蘑菇会"嗖"的一下突然冒出来啦!

揭秘 煤是远古植物埋藏在地下，经历复杂变化后形成的！

每个冬天我们都在用几亿年前的植物取暖！

几亿年前，无数高大的植物因为地壳运动，被埋在地下。经过一系列生物和化学变化后，它们渐渐变成了煤。

暖和吧？

在冬天，这条命都是暖气给的！

"呼呼呼！"窗外的寒风像猛兽一样咆哮，雪花在风中跳舞，此时正在暖气旁舒舒服服坐着的你，是不是感到幸福无比呢？你也许听说过，暖气中的热水是用煤烧热的，但是煤——这种黑色的石块，又是从哪里来的呢？

👑 你知道吗？脏脏的煤竟然是几亿年前的植物变身而成的！从前，地球上有大片森林，随着地壳的运动，森林被深深埋入地下。在经过一系列生物和化学变化后，这些植物华丽变身，成为黑色的可燃石头——煤！

几亿年后大变样！

煤块

走喽！

👑 第一次工业革命后，煤成了燃料界的"扛把子"。现在，人们会用专业的设备将煤开采出来，进行脱硫等一系列无害化处理，装上火车，送到需要的地方。"呜呜呜呜——"满载煤块的火车，在冬天给你送来几亿年前的温暖！

09 为什么小毛毛虫会变成蝴蝶而不是大毛毛虫？

真相

因为毛毛虫是完全变态昆虫！

毛毛虫一生要经历4个阶段：卵—幼虫—蛹—成虫，才能从一条丑陋的小虫子变成美丽的蝴蝶。

夏天到了，五颜六色的蝴蝶在花丛中飞舞。你一定听过小毛毛虫变成蝴蝶的故事吧？但有没有质疑过：为什么小毛毛虫会变成蝴蝶，而不是大毛毛虫呢？

👑 那是因为，毛毛虫是一种完全变态昆虫！可别想歪！完全变态是指昆虫在长大的过程中，经历卵、幼虫、蛹、成虫4个阶段，成虫的样子跟幼虫完全不一样。

天大地大，吃饭最大！

👑 一颗蝴蝶卵经过几天的孵化，就能钻出一只肉眼几乎看不清的小毛毛虫！出生后，毛毛虫就充分发挥了"吃货"的本领，大吃特吃起来。在短短几周内，它会像吹了气的气球一样胖起来！

我明明就在这里……

哥哥，你咋成空壳了！

👑 毛毛虫的身体越来越大，外皮都装不下了。这时，它就会蜕皮，将小号"外套"换成大号的。4次蜕皮后，毛毛虫会爬到一个隐蔽的地方，用几条丝将自己固定住。然后，它的身体逐渐变硬，最后化为一个蛹。

👑 在蛹中，毛毛虫的身体发生了彻底的变化。几天后，一只美丽的蝴蝶从蛹里钻出来啦！

为什么吃了毒蘑菇能看到魔幻小人儿？

10

我就是爱丽丝。

毒蘑菇中含有一种神经性毒素，吃下去后，毒素会在大脑的各个区域乱窜，让人产生幻觉。

你一定读过著名的《爱丽丝漫游仙境》吧？爱丽丝吃完蘑菇后可以随意变大变小，真是有趣极了！据说这本书的作者曾因为吃毒蘑菇产生了幻觉，才创作出这个经典桥段！

视觉区

喂，我来串门啦！

👑 为什么毒蘑菇能让人产生幻觉呢？那是因为其中的神经毒素让我们的大脑中毒了！神经毒素会在进入身体后悄悄潜入人脑，在大脑的各个区域之间"串门"。

👑 如果神经毒素到了大脑的视觉区，你就会产生幻视，看到一些奇怪的东西；如果到了大脑的情感区，你的情绪就会非常激动，根本无法控制。

👑 可别觉得这种情况很好玩！我国每年都有大量人因为误食毒蘑菇而丧命！有些经过抢救后，还会留下严重后遗症！所以，一定要告诉你的家人和朋友，千万不要吃随便采来的蘑菇，它很可能含有剧毒！

11 为什么红鲷鱼既能当爸爸，又能当妈妈？

真相

红鲷鱼既有雌性器官，也有雄性器官！

红鲷鱼的家族由一条雄鱼和多条雌鱼组成。一旦雄鱼消失，体形最大的雌鱼身上的雄性器官就会被激活，慢慢变成一条雄鱼。

我的妈妈

你的妈妈是什么样的呢？也许你会说，"我的妈妈很漂亮""我的妈妈会做饭"。在缤纷的海洋世界里，生活着红鲷鱼一家，小红鲷鱼有着不同寻常的妈妈，因为她既能当妈妈，又能当爸爸！

👑 为什么会有这么神奇的事情呢？因为红鲷鱼的身上既有雌性的器官，也有雄性的器官！这就使它们可以随意转换性别啦！

你是我们的新家主！

以后我来保护你们！

👑 红鲷鱼的家族有一条雄鱼和很多条雌鱼。一旦雄鱼死去或被捉走，体形最大的雌鱼身上的雄性器官就会被"一键激活"，它的身体变得越来越强壮，体色也越来越艳丽，最终成为一条雄鱼，成为红鲷鱼家族的新一任"家主"！

👑 假如有一天，这条由雌变雄的红鲷鱼也不小心被捕食者抓走，当成了晚餐，接下来在红鲷鱼家族中发生的事情……你一定能猜得到吧！

据海洋世界传闻，小海马竟然是爸爸生的？ **12**

雄性海马有特殊的"育儿袋"。繁殖期到来，雌海马会将卵产在雄海马的育儿袋内，孵化 50～60 天。

海洋世界的母亲节到啦！鲸老师向大家讲妈妈怀胎分娩的辛苦。小海马突然举起手："我不是妈妈生的，我是爸爸生的！"大家都惊呆了，七嘴八舌地追问小海马："这到底是怎么回事呀？"

我的妈妈

什么？！

我是爸爸生的！

带孩子，我是专业的！

超级 奶爸

👑 原来，在海洋世界中，有些动物是由雌性产卵、雄性孵化的，海马就是其中之一。海马爸爸的腹部有一个特殊的育儿袋，海马妈妈将卵产在育儿袋里。海马爸爸立刻变身为"超级奶爸"，细心保护这些卵，直到它们孵化。

👑 50～60 天后，刚刚孵化的小海马从育儿袋中钻出来啦！因此，很多人误以为小海马是爸爸生的。其实卵依然是海马妈妈产下的，海马爸爸只是起到了"孵化器"的作用！

👑 更有趣的是，海马爸爸的育儿袋还是小海马的"保护伞"！一旦危险来临，小海马就会飞快地躲进爸爸的育儿袋里！

13

13 为什么花的颜色明明那么多，却很少有黑色？

ZHEN XIANG |||

真相

黑色的花容易被太阳灼伤，被自然界淘汰啦！

花的颜色主要受到花瓣中色素的影响，花瓣细胞内的主要色素不同，花就呈现不同的颜色。

我超级稀有！

SSR ☆☆☆☆☆ 黑侠客花

春风悄悄拂过，吹醒了沉睡的大地。"春天到啦！春天到啦！"迎春花吹响了黄灿灿的小喇叭，桃花展开了粉嫩嫩的小脸蛋，梨花也穿上了白灿灿的芭蕾舞裙……但是，你有没有注意到：为什么很难找到黑色的花朵？

👑 花瓣中有很多很多细胞，它们一个挨着一个"排排坐"。这些细胞中含有花青素、类胡萝卜素、叶黄素等色素。可别小瞧这些色素，正是它们决定着花朵的颜色！

👑 花青素就像一条好动的变色龙，只要周围环境稍微变化，它就迅速"变身"成红的、紫的、蓝的，这就是牵牛花花色"一天三变"的原因啦！而胡萝卜素和叶黄素则"文静"多了，含有这类色素的花朵，总是穿着黄色的外衣。

叶黄素

胡萝卜素

👑 如果花瓣的细胞里没有色素，花朵就呈现白色。而"黑色"则是花朵世界中的禁忌词！黑色吸热能力强，会使娇嫩的花朵很容易被太阳灼伤，所以谁都不愿意穿这个颜色的"衣服"！

为什么竹子的肚子里总是空空的？ 14

竹子虽然生长速度非常快，但它长得快的地方仅限于外层表皮，
内部长得缓慢。所以竹子干脆抛弃内部，变成空心的了。

你吃过"竹筒饭"吗？将香米、猪肉、水一股脑儿倒入竹筒中，放在火上慢慢烤熟。竹子的清香、米饭的醇香、肉的鲜香混合在一起，真让人流口水呀！不过，我们这里要说的不是里面的"饭"，而是外面的"筒"——为啥只有竹子那么与众不同，中心空空呢？难道是专门为了给我们装饭吗？

竹子为了给我装饭，变成空心的了！

自作多情！

答应我，一定要坚固表皮……

哥哥！

👑 由于所有的养分都给了外层表皮，竹子的中心部分不断退化，最后被全部"舍弃"了，变成了现在的"腹内空空"！不过，竹子早练就了用表皮输送营养和水分的本领，没什么好担心的！

👑 可别自作多情了！亿万年前，竹子和其他大部分植物一样是实心的。不过它长在陡峭的山上，那里的风大得吓人，好多竹子因为扛不住强风，悲惨地折断了！

👑 于是，竹子"灵机一动"，想到了一个好办法！它努力加厚自己的表皮，迎战强风。就这样，竹子变得表皮坚硬，结实无比，再也不用害怕被风吹断了！

15 海里的"美人鱼"到底有多美？

儒艮是一种生活在海洋中的哺乳动物，会以半躺的姿势浮在水面上，远远看上去就像一个人。

> 美人鱼明星，给我签个名吧！

> 好呀！

你一定读过童话故事《海的女儿》吧！美丽的美人鱼住在海底王宫中，向往着陆地上人类的生活……不过，在苍茫的大海里，真的有这种生物吗？

👑 其实，"美人鱼"只是一个美丽的传说，她的原型是一种叫儒艮的动物。儒艮也叫海牛，是一种食草性海生哺乳动物。它的模样蠢蠢的，身体胖胖的，根本无法和美人鱼联系在一起！

> 你不是！你胡说！

> 俺也是美人鱼！

> 眼神再好，也看不清那么远的东西吧！

👑 不过，雌性儒艮有一个习惯，在哺育幼崽时，它们经常浮在海面上，用一对偶鳍将幼崽抱在胸前，以半躺着的姿势喂奶。在海中航行的水手远远一看——"呀！海面上有一只像人一样的动物，一定是传说中的'美人鱼'啦！"

👑 就这样，一传十，十传百，人们都相信海里生活着"美人鱼"。不过不幸的是，人们对自然环境的破坏使儒艮变得非常稀少，传说中的"美人鱼"正面临着灭绝的危险！

为什么袋熊会拉方形的便便？ 16

袋熊的肠道长且干燥，而且肠壁薄厚不一，致使肠道内压力不等，就造出了奇特的"方形便便"。

我的积木难道被袋熊吃了？

动物园里的袋熊拉的便便居然是一个个的小方块儿！不得了了，袋熊是不是误食了积木呀？什么！那的确是便便？袋熊为什么会拉方形的便便呢？

👑 便便其实是在肠道中被挤压、塑形的食物残渣。袋熊拥有一条 9 米长的肠道，在后半截肠道中，还有专门负责挤压食物残渣的肠壁肌肉。这些肌肉有的地方厚、有的地方薄，因此对食物残渣的挤压力度不同，无法形成均匀的圆形或长条形的便便，只能形成方形的啦！

袋熊便便山

我们是稀有的方形便便！

便便展览馆

这不科学！

👑 肠道"咕噜咕噜"地蠕动，"便便预备军"逐渐被送到大肠的末端。袋熊的肠道内非常干燥，这让方形的便便能够保持住形状。于是，一个个小方块儿就"吧嗒吧嗒"掉到地上啦！

17 开心果为什么会这么 "开心"?

"开心"的开心果
是成熟的果实!

恭喜你!

谢谢!

坚果家族
最美笑脸

开心果原名叫阿月浑子,是一种常见的食用坚果,由于果实成熟后外壳会微微张开而得名。

过年的时候,家家户户都要准备好多好吃的,坚果就是其中之一。在坚果大家族里,有一种外形独特、名为"开心果"的坚果,想必你一定吃过吧!那你知道,为什么开心果那么"开心"吗?

👑 要知道"开心果"只不过是俗称罢了,这种坚果的真名叫阿月浑子,原产于叙利亚、伊朗等地,既可以作为坚果"嘎嘣嘎嘣"嚼着吃,也可以用来榨油,还能入药呢!

姓名	阿月浑子		艺名	开心果
作用	榨油、入药、直接嚼		体重	
年龄		联系电话		

你怎么一副不开心的样子?

我还没成熟就被摘下来啦!

👑 阿月浑子的果实成熟后,外壳会微微张开,看上去就像在咧着嘴开心地笑,所以也得名"开心果"。而那些"不开心"的开心果,实际上是没有成熟的!

难以置信，翼龙竟然根本不是恐龙？

18

翼龙虽然与恐龙有着共同的祖先，但是它们后来朝着完全不同的方向演化，二者的身体结构和特征都有很大区别。

哇！博物馆里展出了好多翼龙的模型，最小的只有燕子那么大，最大的像一架战斗机！你对爸爸说："我喜欢这种会飞的恐龙！"爸爸纠正你："翼龙可不是恐龙！"什么？这怎么可能？

已知最大的翼龙——风神翼龙

你才是恐龙，你全家都是恐龙！

会飞的恐龙！

👑 首先，让我们一起回想一下恐龙是什么吧！恐龙是一种陆生爬行动物，而翼龙是天空中的霸主。翼龙在骨骼构成上和恐龙存在巨大差异，它的前肢演化出一根长长的飞行指，身体两侧长出了皮膜翼，骨骼里还有大量的气囊、孔洞，这些特征恐龙做梦也无法拥有！

👑 所以，翼龙就演化成了会飞的爬行动物，可以"呼啦呼啦"地展翅高飞，而恐龙这种陆生爬行动物只能笨拙地"咕咚咕咚"奋力奔跑！不过这些天空和陆地的霸主，都在白垩纪晚期灭绝了，从此成为了历史！

19 小蜜蜂生来就有当"甜品大师"的天赋？

蜜蜂先将花蜜采集入蜜囊，转化成"原始蜂蜜"，再运到蜂巢里进行烘干、脱水，最终形成我们吃的蜂蜜。

超市里的蜂蜜品种可真多呀，有荆花蜜、桂花蜜、龙眼蜜、椴树蜜……香香甜甜的，口感好极了！你喜欢喝蜂蜜吗？那么你知道，香甜的蜂蜜是怎么来的吗？

👑 想形成蜂蜜，可要经过好几道工序呢！首先，小蜜蜂会在花丛中"嗡嗡嗡"飞行，找到最好、最香的花蜜，用长长的口器将它们吸进自己的蜜囊中。蜜囊里住着各种生物酶，它们会将花蜜转化成营养价值极高的"原始蜂蜜"。

👑 "嗡嗡嗡"，蜜蜂带着足有自己体重一半重的"原始蜂蜜"回到蜂巢啦！随后，它们将这些原始蜂蜜"倒"入六角形的蜂房中，并不断地扇动翅膀，发出"嗡嗡"声，这个过程是在给蜂蜜脱水！

👑 直到蜂蜜中的水分足够少了，蜜蜂才"哼哧哼哧"地搬来蜜蜡，将蜂蜜"成品"进行封存。几个月后，终极甜品——蜂蜜就形成啦！

揭秘 小刺是黄瓜用来呼吸和自保的！

黄瓜表面长小刺，是不想被人类吃掉吗？ **20**

黄瓜的每一个小刺下都是一个气孔，小刺越多，黄瓜呼吸越"顺畅"。同时，小刺还是一身"刺甲"，能防止害虫啃食。

放下我的黄瓜，上一边儿玩去！

你也许听说过，黄瓜一定要买"顶花带刺"的，这样的才最鲜嫩爽脆。在菜摊前拿起一根浑身尖刺的"绿色狼牙棒"，你的脑袋里一定充满了疑惑：黄瓜长出这些小刺，是不想被人类吃掉吗？

♛ 其实这些小刺不是用来防人类的，而是防害虫的！黄瓜鲜嫩又多汁，会引来许多馋嘴的虫子。为了保护自己，黄瓜就长出了密密麻麻的小刺，像是穿了一身刺甲。害虫没法落脚，又吃不到黄瓜，只能扫兴地走掉啦！

哎哟！好疼。

好……好闷……

♛ 这些小刺还是黄瓜的"呼气通道"呢！黄瓜身上长满了细小的气孔，不过这些气孔总是被巨大的叶子遮住，就像戴了一个大口罩一样闷！于是，黄瓜就在每个气孔上都长出了细小的尖刺，将叶片支撑起来，这样就有足够的空间"大口呼吸"啦！

21 大马哈鱼为什么被称为动物界的"海归"？

真相 大马哈鱼需要从海洋回到淡水中生育后代！

大马哈鱼在淡水里出生，在海洋中长大，等到要繁衍后代的时候，又需要从海洋洄游到淡水中产卵。

你知道什么是"海归"吗？爸爸、妈妈也许会告诉你："海归"指的是在海外留学、回国就业的人。在动物界，也有一种"海归"，不过它们可不是在海外留过学，而是字面意义上的——从大海洄游到淡水！

海归鱼？

👑 洄游是鱼类的一种群体性迁徙活动，类似于"群体大搬家"。大马哈鱼就是一种热衷于"搬家"的鱼类，它们在淡水中出生，随后沿着河道游到大海里，在海洋中"长大成鱼"。

大海！我的家！

👑 3~5年后，大马哈鱼已经成年，要生小宝宝啦！可是它们的卵只能在淡水里生存，这可怎么办呢？——只能继续"搬家"啦！于是，大马哈鱼开始成群结队地往出生的淡水里游去。

👑 这场洄游可不容易！足足有3000多千米，途中还会遭遇各种动物的捕食，真是辛苦、危险极了！

揭秘 可能是因为雌性激素过多，也可能是为了保护鸡蛋！

母鸡下蛋后为什么要"唱庆祝歌"？

22

可能因为母鸡下蛋的时候，体内分泌了许多雌性激素，这些激素会让母鸡很兴奋。还有可能是为了转移捕食者的注意，保护鸡蛋。

暑假的时候，你来到乡下的爷爷家度假。这时，你突然听到鸡窝里传来"咯咯哒"的声音，原来母鸡刚下完蛋，正在"唱歌"呢！你好奇地问爷爷："为什么母鸡下完蛋就要叫呢？难道是在庆祝吗？"

👑 当然不是！母鸡可没那么有仪式感！科学家就此提出了几个有趣的猜想。

猜想一 母鸡在下蛋的时候，体内会分泌大量激素，下完蛋后，这些激素还没消散，母鸡就会感到十分兴奋，所以会大声"唱歌"。这大概和你在激动的时候，喜欢大声喊叫差不多！

咯咯咯哒！

虽然不知道为什么，但我也想大喊！

猜想二 有的科学家认为这是一种"声东击西"的战略。你有没有发现，母鸡一般不会在鸡窝里鸣叫，而是在鸡窝周围？这是为了将捕食者的注意力吸引到自己身上，不让它们注意到鸡窝里新生的蛋宝宝。

23 远古的鲸也能在陆地上奔跑？

真相

鲸的祖先是巴基鲸，生活在陆地上！

鲸的祖先生活在陆地上，拥有四肢，可以奔跑。后来鲸选择到海洋里生活，四肢退化，才变成了现在的样子。

海洋馆里，你吃惊地看着游动的鲸：它可真大呀！讲解员说："在鲸的世界中，蓝鲸是目前世界上最大的动物！"还补充说，"其实远古的鲸也有脚，还能在陆地上跑得飞快呢！"这是真的吗？

👑 距今 5300 万年前，有一种叫巴基鲸的动物，古生物学家认为，它们是现代鲸的"老祖宗"！巴基鲸有着修长的四肢，可以灵活地在陆地上奔跑。不过它主要生活在水边，以捕鱼为生。为了更好地抓鱼，巴基鲸开始向"游泳健将"的方向演化了！

看我独创的泳姿——鲸泳！

我只对鱼感兴趣！

论游泳还要数我最擅长！

👑 几百万年后，出现了一种叫游走鲸的动物，它们的体形比巴基鲸更大，四肢演化成桨状，趾间有蹼，活像一只大鳄鱼！

👑 随着时间的推移，鲸在水中"越走越深"，四肢慢慢消失，完全适应了水里的生活，再也上不了岸了！

揭秘

有的植物需要靠"吃肉"补充营养!

为什么有的"素的"偏偏爱吃点"荤的"? 24

一般的植物可以靠晒太阳"自给自足"。但有的植物因为生存环境太恶劣,需要靠"吃肉"额外获取营养。

在植物园里,你发现了一种吃肉的植物——猪笼草,它可以把小昆虫骗进"瓶子"里吃掉。你觉得很好奇:植物不都是靠晒太阳、喝水就能生存吗?为什么有的植物还要吃肉呀?

👑 普通的绿色植物靠晒太阳、喝水就能活得很好,但一些生活在强光、水淹等恶劣环境中的植物只靠光合作用可"吃不饱"!于是,经过漫长的演化,一批"吃肉"的植物出现了!

猪笼草

捕蝇草

我饿了,点一个蚊子外卖!

记得别放辣椒!

啊~

👑 典型的"食肉"植物就是猪笼草,它有一个神奇的"瓶子",可以分泌吸引昆虫的神秘香味。昆虫闻到这种香味会情不自禁地爬过去,一步步走进猪笼草的"瓶子陷阱"里。

👑 猪笼草的"瓶子"是特制的,瓶口非常光滑,昆虫踩在上面脚一滑,就会掉进满是消化液的"瓶子"里。然后,猪笼草的大叶片会盖住"瓶口",昆虫无处逃遁,最终被分解成营养物质,被猪笼草吸收啦!

25 真的存在会用泥土做"空调"的建筑家？

ZHEN XIANG ||| ———————

真相

白蚁巢穴里有许多孔道，相当于空调系统！

白蚁的地上巢穴是一个泥土堆，里面有许多孔道，热空气吹进来，在孔道里绕一圈，就变凉风了。

夏天可真热啊！出了一身汗的你赶紧打开空调，用凉爽的风给室内降降温。可你知道吗？自然界中有一种动物，它们不用电、不用机器，光用泥土就能做出"空调"来！它们就是伟大的建筑家——白蚁。

👑 听名字，你也许觉得白蚁和蚂蚁是亲戚，但实际上它们与蟑螂才是表亲！白蚁是天生的建筑高手，它们会将泥土与分泌液混合，以此为材料修筑规模庞大的"宫殿"。白蚁的巢位于地面上，最高足有 8 米，中心是白蚁的生活区，外围是复杂的"防御工事"。

现在和你断绝亲缘关系还有时间吗？

表哥救我！

蟑螂

白蚁

风

👑 巨大的蚁巢里居住着上百万"居民"。为了保证巢穴的舒适度，白蚁们别出心裁，挖出了四通八达的孔道。炎热的风吹入孔道，就会在里面兜兜转转，被温度较低的泥土吸收热量，变成凉风，就像简易的空调一样！这样看来，白蚁的生活可真滋润呀！

揭秘

奶牛是牛的一个种类，当然有公的！

以产奶闻名的奶牛也有公的吗？

26

奶牛其实是黄牛的一个变种，当然有公母之分。
公奶牛数量非常少，而且是不产奶的。

暑假里，爸爸、妈妈带你去参观近郊的奶牛牧场，那里有好多黑白相间的奶牛呀！爸爸告诉你，超市里新鲜美味的牛奶就是它们生产的。不过，一个疑问一直在你的脑海中盘旋：怎么没有看到公奶牛呀？难道所有的奶牛都是母的吗？

👑 当然有公奶牛了，要不然整个种族不就灭绝了吗！不过公奶牛非常稀少，难怪你看不见！因为只有母奶牛能产奶，所以人们会采取人工授精的方法，控制奶牛的性别，100只小奶牛中，一般只有8只是公的！在这些公奶牛中，人们只养活其中的十分之一，作为种牛繁衍后代，剩下的公奶牛就被当成肉牛，端上我们的餐桌啦！

作为一头公奶牛，能活下来太不容易了……

看什么，只许你们喝牛奶，不许我喝吗？

👑 我国饲养的奶牛主要是荷斯坦牛，1头母奶牛1天的产奶量为25~40千克，这些牛奶有一部分喂给了奶牛宝宝，剩下的经过加工后被运到超市，进入我们的肚子里啦！

还没看过瘾？
那就继续吧！
GO！

♛ 为什么牛羊不吃草时嘴还在"吧唧吧唧"？

牛和羊都是有4个胃的反刍动物，会先把草储存在瘤胃里面。这个胃里没有消化腺，草料过一段时间会被反刍到嘴里，细细咀嚼后，再吞到第二个胃——网胃里。这样再经过瓣胃，草料才会被送到最后的胃——皱胃里，最终被消化。

♛ 鸟类为什么"叽叽喳喳"叫不停？

鸟类通过鸣叫互递信息。在清晨和黄昏时分，鸟类鸣叫得尤为起劲，那是它们在向其他鸟类宣示自己的领域范围，警告其他鸟类："这是我的地盘，不要随便靠近！"

♛ 为什么蚊子偏爱黑衣人？

蚊子有一对复眼，可以区分不同强度的光线。蚊子喜欢弱光，怕见强光，白色或浅色衣服反光强烈，蚊子不喜欢；而黑色衣服反光弱，光线较暗，所以蚊子喜欢叮穿黑衣服的人。

♛ 蚂蚁"大力士"为什么能举起那么重的东西？

蚂蚁腿部的肌肉里含有一种神奇的物质，名叫三磷酸腺苷。它是一部高效的"发动机"，能让蚂蚁的肌肉产生强大的力量。三磷酸腺苷能使能量的利用率高达90%以上，而火车、飞机的能量利用率不超过30%！

♛ 孔雀为什么要开屏？

孔雀开屏的原因有三个。一是雄孔雀在求偶时，向异性展示自己的美丽；二是在遇到危险时，用尾屏上的眼状斑恐吓对手，从而保护自己；三是在受到惊吓时的应激反应。

♛ 鸡为什么要用砂砾当"零食"？

鸡没有牙齿，吃东西时不能把食物嚼碎，只能囫囵吞下。食物被储存在嗉囊里，得靠砂砾把它磨碎，这样鸡才能很好地消化食物。所以我们经常能看到，鸡在地上啄砂砾吃。

♛ 为什么"打蛇要打七寸"？

这里说的"七寸"并不是一个具体的长度，而是蛇心脏的位置，是它的致命部位。蛇的身体比较软，心脏缺少保护，一旦遭受到重击，就会立刻失去攻击力，甚至一命归西。

♛ 鳄鱼为什么总"哭哭啼啼"？

鳄鱼流眼泪是为了排出体内多余的盐分。鳄鱼的肾脏不发达，也不会出汗，身体中的盐分只能通过流眼泪这个方式排出体外。另外，流眼泪也能润滑鳄鱼的眼睛，滋润眼球。

♛ 为什么兔子的耳朵特别长？

兔子在野外有很多天敌，需要敏锐的听觉来躲避掠食者，因此演化出了长长的耳朵。长耳朵可以帮助兔子听到微弱的声音，使兔子在遭遇危险时能及时跑掉。此外，兔子的长耳朵还有助于散热，能够帮兔子调节体温。

♛ 壁虎为什么是"玻璃行者"？

壁虎脚底长着数百万根极细的刚毛，每根刚毛末端又有上千根更细的细毛。这些细毛与玻璃表面产生一种引力，使壁虎能在光滑的玻璃上自由爬行，不会掉下来。

♛ 狼的眼睛为什么在夜里会发光？

狼的眼睛有特殊的结构，可以把周围微弱、分散的光线收拢在一起。狼在夜间活动时就会使用眼睛的这种"超能力"，将微弱的光线集中在一起并反射，这样就能在夜里看清周围了。

👑 为什么鸟的骨架"轻飘飘"？

鸟类的骨头是空心的，里面充满空气，所以鸟类的骨架特别轻。这种空心骨头有助于减轻体重，利于飞行，是鸟类为了"征服"天空而演化的结果。

👑 磷虾为什么会闪闪发光？

在磷虾的眼柄、腹部下面和头部、胸部两侧，都有一种球形的发光器。在发光器的中央有能够发光的细胞。当磷虾受到惊吓时，发光器就开始工作，发出萤火虫一样的磷光。

👑 河马也涂"防晒霜"？

河马离开水后，皮肤会分泌一种黏稠的红色液体，其中含有河马汗酸。河马汗酸能吸收阳光中的紫外线，让河马的皮肤不会被晒伤，效果堪比防晒霜。

👑 蝉为什么总是不停地叫？

能够鸣叫的是雄蝉，雌蝉不会鸣叫。雄蝉腹部有一个"发声器"，能够通过伸缩发出巨大的鸣叫声。雄蝉鸣叫是为了求偶，雌蝉会通过雄蝉的鸣叫声判断它是否健壮，能否作为"合格伴侣"。

👑 蜜蜂为什么不轻易蜇人？

蜜蜂蜇人的刺针一端是钩状的，另一端连着蜜蜂的内脏。刺针刺进人的皮肤后很难拔出，而蜜蜂飞走时一使劲儿，就会把刺针另一端连着的内脏拉出来，蜜蜂就活不成了。所以，如果能使用"吓唬大法"，蜜蜂是不会选择蜇人的。

👑 为什么鸭子掉进水里，不会成为"落汤鸭"？

因为鸭子的羽毛不怕水。不过这并不是鸭子的羽毛天生能防水，而是鸭子尾部尾脂腺的功劳。尾脂腺能分泌一种油脂，鸭子将这种油脂涂在羽毛上，羽毛就拥有了防水功能。

👑 为什么八哥能够说人话？

八哥学人说话的秘密在于它的生理构造——鸣管和舌头。八哥鸣管的构造与人的声带十分相近，因此能发出和人说话相似的声音。除此之外，八哥的舌头十分发达，形状也与人的舌头相似。所以很多八哥通过训练，能说一口流利的"人话"。

👑 骆驼为什么能在风沙中自由行走？

骆驼常年生活在沙漠中，因此演化出一些特殊的本领。骆驼的耳朵里有毛，还长着长长厚厚的睫毛，这些都可以防止风沙进入耳朵、眼睛里。骆驼的鼻翼还能自由关闭，像挡住风沙的大门。有了这些本领，骆驼就不怕风沙啦！

👑 猫的眼睛为什么会"一日三变"？

猫的瞳孔会随光线的强弱而变化。早晨阳光强度一般，猫的瞳孔呈枣核状；中午阳光强烈，猫的瞳孔便缩成一条线；晚上光线很弱，猫的瞳孔就像十五的月亮一样圆。

👑 猫为什么长着长长的胡子？

猫的长胡子具有测量作用，两边胡子顶端之间的距离和它身体的宽度差不多。胡子根部有着发达的神经。遇到狭窄的地方，猫就利用胡子测量洞口的大小，以此判断自己能否穿过。

👑 为什么母骡生不出小骡？

骡是马和驴的"混血儿"。马有 32 对染色体，驴有 31 对染色体，而骡有 31 对零 1 条染色体。其中 31 对染色体能够正常联合，剩下的一条染色体找不到同源染色体，导致生殖细胞无法进行正常的分裂，从而造成了母骡生不出小骡。

👑 老鼠为什么经常咬硬的东西？

老鼠是啮齿类动物，它们的上下门牙可以无限生长。如果不经常磨短，牙齿就会在短时间内长得过长，让老鼠不能正常吃东西，甚至会刺穿它的下巴！

👑 松鼠为什么总爱建"小粮仓"？

松鼠的体形太小，冬眠的时候就算将小小的身体里存满脂肪，也无法度过整个冬季，所以它必须在秋天"努力劳作"，给自己储藏大量的美食，建立一个又一个"小粮仓"，这样就算冬眠的时候饿了，也不愁没有东西吃。

为什么候鸟要"集体大搬家"？

迁徙是候鸟的一种本能，与气候、食物等生活条件的变化有着密切的关系。一般来说，候鸟会在当地气候寒冷的时候迁徙到温暖的地方，在当地气候酷热的时候迁徙到凉爽的地方。它们在迁徙途中还会在食物丰富的地区"歇脚"，美美吃个饱。

蛇为什么要"换新衣"？

蜕皮是蛇的生长规律。蛇皮可以保护蛇脆弱的身体，防止体内水分的散失。但是蛇皮不能随着蛇身体的长大而长大，当蛇越长越大，蛇皮再也容纳不下的时候，就要褪去旧皮，换上"新衣"。

鸵鸟为什么飞不起来？

鸵鸟是现存体形最大的鸟类，体重超过 100 千克，身高达 2 米多。不过鸵鸟的翅膀比较短小，飞行器官高度退化，再加上沉重的体重，当然飞不起来啦！不过鸵鸟可是"跑步健将"，时速能达到 72 千米！

为什么青蛙在雨天里"歌声"特别响亮？

青蛙是水陆两栖动物，最喜欢温暖潮湿的环境。下雨时空气中充满了水蒸气，湿度大，有助于青蛙的呼吸。青蛙呼吸得畅快，心情就特别好，因此叫得特别欢。

为什么企鹅能在南极"安家"？

南极是地球上最冷的地方之一，企鹅为了适应环境，羽毛发生了重大改变。它们的羽毛是鳞叶状的，紧密地排列在一起，有内外两层，厚度是其他鸟类的 3 ~ 4 倍。此外，企鹅还有着厚厚的脂肪，所以不怕冷。

狗的鼻子为什么那么灵？

狗的鼻子里有许多褶皱，使鼻子与空气接触的面积增加许多，而且狗的鼻子里拥有大量嗅细胞。狗的嗅觉是人的 1200 倍左右，这种灵敏的嗅觉能够帮助人们做很多工作。

狗为什么常常把舌头伸出来？

狗的皮肤上没有汗腺，它的汗腺长在舌头和脚垫上。炎热的夏天或是狗奔跑累了时，就会把舌头伸出来，通过舌头表面的汗腺散发热量。

蝙蝠为什么在夜间活动？

蝙蝠的视力很差，白天几乎看不见东西，如同"睁眼瞎"。但蝙蝠的听觉非常发达，还有一种"回声定位"的特殊本领，更适合在夜间捕食、飞翔。

章鱼的血为什么是蓝色的？

大多数动物的血是红色的，是因为血液中有种叫血红蛋白的物质，血红蛋白在与氧气结合时呈现红色。章鱼的血液里没有血红蛋白，有的是血蓝蛋白，血蓝蛋白在与氧气结合时呈现蓝色。

猎豹为什么"喵喵"叫？

猫科动物分为猫亚科和豹亚科两类，豹亚科的动物，例如狮子、老虎，都能发出浑厚的吼声。猎豹属于猫亚科，声带结构和我们看到的家猫是一样的，不会吼叫，只会"喵喵"叫。

为什么鱼也会咳嗽？

鱼生活的水不是完全干净的，里面有很多杂质与细菌。鱼在水里用鳃收集氧气时，这些杂质或细菌可能被吸入鳃中，弄得鱼很不舒服。这时鱼就会"咳嗽"，通过这种方式把异物排出体外。

树干为什么都是"圆墩墩"？

圆柱形的树干可以减小大风的冲击。大风刮来时，很容易顺着圆圆的树干掠过，不会将树吹倒。同时，圆柱形的树干提供的支持力最大，完全可以承受树枝、树叶、果实的重压。

为什么雨后春笋长得特别快?

竹子地下的竹鞭上长着许多芽。冬天的时候,这些芽藏在土壤里,外面包着坚硬的笋壳。到了春天,这些包着笋壳的芽向上生长,露出地面,这就是春笋。春笋的生长需要大量的水分,雨后水分充足,所以春笋长得特别快。

为什么藕中都是"洞洞"?

藕中的空洞是空气的通道。藕一直埋在淤泥中,缺少空气,藕中的空洞连着空心的叶柄,一直贯通到水面上的荷叶。进入荷叶的空气通过叶柄和藕中的空洞,就可以供藕呼吸了。

树叶为什么会在秋天变色?

秋天来临,天气变凉,白天变短,光照的时间减少了很多。这些变化使树叶的光合作用减弱,叶子的茎逐渐干枯,叶片中的叶绿素越来越少,树叶便由绿色变成黄色、红色或褐色。

昙花为什么总是在夜里开放?

昙花原产于北美洲南部的沙漠地区,那里气候干旱酷热,白天烈日炎炎。昙花的花朵非常娇嫩,晚上开放可以避开烈日的暴晒。此外,沙漠中的昆虫也是晚上活动频繁,昙花此时开放利于吸引昆虫前来授粉。

为什么甘薯"越藏越甜"?

甘薯中含有大量淀粉,这些淀粉在低温下会慢慢转变成糖,甘薯储存的时间越长,淀粉转化成的糖就越多。同时,在储存期间,甘薯中的水分也在减少,所以就越来越甜了。

为什么咖啡能提神?

咖啡中含有咖啡因,咖啡因进入人体后会刺激大脑皮层,使大脑皮层兴奋,人自然也就清醒了。另外,咖啡因还能加快人体的新陈代谢,使我们肌肉放松,从而达到消除疲劳、提振精神的作用。

为什么要给果树剪枝?

给果树剪枝可以调节枝叶的疏密程度,使树冠接受到更多的光照。除此之外,剪枝还能防止果树徒长消耗营养,从而保证成花、结果的数量,给果农带来最大的经济效益。

快入冬时为什么要给树干"穿上石灰衣"?

树干上刷石灰是为了防治害虫。石灰有杀虫作用,在树干上刷一层石灰可以杀死在树干上越冬的害虫与虫卵,也可以防止它们沿树干爬下来,钻入地底下过冬。

为什么发芽的马铃薯不能吃?

发芽的马铃薯里有大量的龙葵素。龙葵素是一种有毒物质,会对人体造成危害。如果吃了发芽的马铃薯,很容易发生中毒,轻则头晕目眩、拉肚子,重则导致昏迷、抽搐,甚至危及生命!

仙人掌为什么能在沙漠里生长?

仙人掌的根系非常发达,可以延伸到很远的地方,最大限度地吸收水分。仙人掌的茎肥厚多汁,表皮又厚又硬,是绝好的"小水库"。仙人掌的叶片演化成针状,能够有效减少水分蒸发,还可以抵挡强光照射。

为什么花生又叫"落花生"?

花生开花后,会长出一个奇特的茎,这个茎垂下来,钻入土里,在土里面结出花生的果实。人们对这种生长方式非常感兴趣,就给花生起了一个别名:落花生。

新疆的哈密瓜为什么"甜蜜蜜"?

哈密瓜的甜与新疆独特的气候环境密不可分。新疆地区纬度高、气候干旱,因此日照时间长,光照强烈,昼夜温差非常大。这有利于哈密瓜中糖分的积累,因此新疆的哈密瓜特别甜。

吃菠萝时为什么要在盐水里蘸一蘸?

菠萝里面含有一种刺激性物质——菠萝酶,它会对人的口腔黏膜和嘴唇表皮造成伤害，让人觉得口中刺痛。而盐水可以破坏菠萝酶，减小菠萝酶对口腔的刺激，淡淡的咸味还能使菠萝的口感更好，吃起来更甜。

为什么向日葵总是"朵朵向太阳"？

向日葵向日主要受到光线的影响。向日葵的茎部含有一种特殊的植物生长素，这种生长素怕光，遇到光线时就会立刻"跑"到背光一面，刺激背光面的细胞增长，使向日葵向光源弯曲，所以向日葵总是面向太阳。

为什么水稻长在水田里，竟然也怕涝？

水稻是一种喜水的植物，但是受不了长期的水淹。水稻如果长期泡在水里，它的根系就会缺氧，根须变黑，叶子掉落，会使水稻生长缓慢，严重的还会烂秧、死苗。所以，喜水植物和水生植物是有很大区别的。

为什么森林可以调节气候？

森林中有大量树木，它们在进行光合作用和蒸腾作用时，能够调节大气中氧气和二氧化碳的平衡，促进水在自然界中的循环。森林还能防风固沙，防止水土流失、土地沙漠化。可以毫不夸张地说，森林是大自然的守护者。

为什么棉花不是花？

棉花不是花，而是棉籽表皮上的毛纤维，起到保护棉籽的作用。棉花真正的花朵十分漂亮，还会随着时间改变颜色，上午刚开放时呈乳白色，下午变成粉色，第二天变成紫红色。不过棉花的花期很短，花朵很快就谢了，结出绿色的棉铃。棉铃内有棉籽，以及保护棉籽的"棉花"。

干旱的沙漠里也有"面包"特产？

"沙漠面包"是椰枣树的果实——椰枣，这种树主要生长在中东的沙漠地区。椰枣内含有多种营养，既能满足人体的需要，又能果腹充饥。所以，椰枣很受当地人喜爱，就有了"沙漠面包"的美称。

花为什么有香味？

花瓣中有一种特殊的油细胞，能分泌出带有香味的芳香油。芳香油产生后，在空气中不断地挥发，进入人的呼吸道，被嗅觉细胞"捕捉"到后，人就闻到好闻的花香了。

竹子开花后为什么会"死翘翘"？

竹子开花时会消耗自身大量的养分，开花后由于养分不足，地上的部分就会慢慢枯萎、死亡。但是，这时竹子的根还是活着的，只要把地面上干枯的部分剪掉，等到竹根"休养好"后，还会长出新的竹子。

千年前的古莲为什么还能生长？

因为古莲子在出土前被埋在干燥、低温、封闭的环境中，因此开始了长期的休眠。另外，古莲子的外面有一层硬壳，可以防止水分和空气渗进去，让古莲子不容易腐烂。古莲子里还有一个小气室，里面的空气让古莲子能存活千年。

为什么有的植物没有腿，却会"行走"？

在南美洲的沙漠中，生长着一种会"走路"的仙人掌，如果原生长地缺少水分，它就会将根系收缩，脱离土层，并随着风运动，一旦找到适宜的环境就会扎下根来继续生长。

为什么王莲被称为"莲中之王"？

王莲生长在南美洲亚马孙河流域，有世界上水生植物最大的叶片。它的叶片直径最大可达4米，边缘向上卷曲，就像一个巨大的木盆，一个二三十千克的孩子坐在上面也不会沉没！

有的植物不结种子，它们怎么繁育后代？

不结种子的植物有很多，它们有自己独特的繁育方式，如分根、压条、扦插、嫁接等。还有一种奇怪的孢子植物，它们能产生孢子，利用孢子繁殖后代。

YEAH！
地球上的大发现

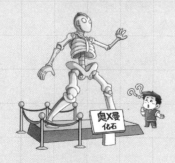

01 为什么"旱鸭子"也能在死海中"水上漂"?

死海的盐分含量超高,让人沉不下去!

进入泳池请带好游泳圈!

死海是一个巨大的内陆咸水湖,盐分含量超高,远远高于人身体的平均密度,所以浮力很大。

炎热的夏天,如果能到游泳馆游个泳,那该多么凉爽啊!不过,如果你不会游泳,就只能套着游泳圈"水上漂"。但是世界上,有一个神奇的大湖,人跳入水中,就算不游,也能够漂浮起来!

👑 这个大湖就是死海!听名字,你想到了什么?没错,死海中几乎没有生物,就连岸边也是光秃秃的,一根草也没有!因为死海的盐分含量实在是太高了!死海本来是地中海的一部分,由于板块运动,被"隔离"在了内陆。就这样,死海中的水分不断蒸发,盐分却一点不见少,就越来越"咸"了!

不要丢下我呀!

山脉

地中海

死海

山脉

死海救生员

👑 死海的含盐量高达 25% ~ 30%,是海洋的七八倍,人们敢于"跳死海"靠的就是这些盐分!人体的密度比水大,所以在水中会下沉。而死海中"盐水"的密度则远大于人体的密度,像一只大手牢牢托着我们,因此就算是"旱鸭子",也可以在死海中"水上漂"啦!

干旱的沙漠里为什么会长出"绿世界"？ **02**

揭秘 有了水，沙漠里就会形成绿洲！

沙漠地区降水稀少，形成绿洲的水源主要来自两个地方：高山冰川融水和深层地下水。

绿世界入口

提起沙漠，你首先想到的是什么？是一望无际的漫漫黄沙？还是酷热难耐的干燥天气？即便是在这样恶劣的环境里，依旧凭空长出了不少美丽的"绿世界"，就像雨后的蘑菇一样！

👑 这些"绿世界"就是绿洲，它们形成的关键只有一个——水！不过沙漠中常年不下雨，地表干得像老爷爷的皮肤，植物没法生长，怎么"绿"起来呢？

关键

水滴

👑 仔细看看沙漠周围的高山吧！山顶上堆积着厚厚的冰川，夏天一到，这些冰川就融化成一条条小河，流淌进沙漠，这样就能形成一小片绿洲啦！

👑 要是周围没有高山冰川，却出现了绿洲，水就不是来自山上，而是看不见的地下！如果沙漠下的某处地层断裂了，深层地下水就会沿着裂缝渗出来，滋养一片绿洲啦！

地下水

03 美丽的琥珀为什么总被埋在脏脏的煤层里？

琥珀是松树树脂石化后形成的。由于地壳下降，大片古老的松林被埋藏在地下。松树变成了乌黑的煤，树脂则成了琥珀。

煤矿工人在采煤时总能发现一种"好宝贝"：它们埋藏在脏脏的煤层里，外表金灿灿的，晶莹剔透，有些内部还包裹着史前小昆虫！这就是美丽而珍贵的琥珀。

♛ 大约 5000 万年前，陆地上有大片茂密的松林。一阵大风刮过，树枝折断了，一滴滴晶莹的树脂就从断裂处流了下来。这些树脂可是小昆虫的"噩梦"！假如不小心踩到上面，树脂就会变成一只黏糊糊的魔掌，将小昆虫严严实实地裹在里面！

哈哈哈，别想逃！

树脂

♛ 很多年后，地壳下沉，松林、树脂连同那些倒霉的小虫子被一股脑埋在地下。几千万年后，松树变成了乌黑的煤，而树脂则因为石化作用越来越坚固，变成了我们今天看到的琥珀。

揭秘 高原上氧气稀薄，人体吸入的氧气不够用！

为什么人在高原上总会"呼哧呼哧"喘粗气？ 04

海拔高的地区空气稀薄，空气中的含氧量低。人体吸入的氧气变少了，必须要靠大口呼吸才能保证氧气供给。

你去过青藏高原吗？湛蓝的天空中挂着洁白的云彩，毛茸茸的牦牛、健壮的骏马在大口吃着青草……不过，可不要轻易来一场"说走就走的旅行"，在此之前，你必须考虑一件重要事情——高原反应！

温暖又舒适。

冷且无法呼……吸……

谷地

高原

👑 地球的大气就像是一层被子，海拔低的地区盖的"空气被"厚，含氧量很高；海拔高的地区盖的"空气被"薄，含氧量低得可怜！

👑 我们的身体已经适应了含氧量高的环境。假如突然来到含氧量只有平原地区一半的地方，就只能靠"呼哧呼哧"喘粗气来吸入更多氧气啦！

👑 不过，这还没完！有的人在这种氧气"突变"中，心脏会"咚咚咚"跳得飞快，接下来感到头晕、恶心，甚至有可能昏迷！这就是可怕的高原反应，所以在旅行之前，一定要做好万全的准备呀！

氧气……

5000米

05 为什么气象学家会谈厄尔尼诺现象色变？

厄尔尼诺现象会使太平洋西部地区出现旱灾，太平洋东部地区产生洪涝。

炎热的夏天，你喜欢站在海边，吹一吹清凉的海风吗？海风带着海水的咸味，像妈妈的手一样温柔……不过可别掉以轻心！这迎面而来的海风，很有可能是造成可怕的厄尔尼诺现象的罪魁祸首！

今年我就要皮一下！

👑 你也许知道，风是船的"好帮手"，帆船顺风行驶，一点气力不用费，就能驶出好远！

👑 但风也有"不听话"的时候！有的年份，太平洋赤道地区的风力太弱了，无法将太平洋西部热乎乎的海水吹走，就会导致那里的海面比往年稍稍"热一点"——高 2~5℃。

👑 可别小瞧这一点点增温，一旦持续时间超过 3 个月，就会引发可怕的厄尔尼诺现象，全球的气候都会因此受到影响！很多地区该下雨的时候迟迟不下雨，明明是旱季却洪水泛滥……厄尔尼诺现象就像一个"灾星"，人人都害怕它！

揭秘 雨点的大小和云里的水汽含量有关!

从天而降的雨滴,为什么有的大,有的小? 06

空气里藏着许多看不见的水蒸气,它们飘到天上,变成了云。云里水汽多,雨滴就大;云里水汽少,雨滴就小。

外面黑乎乎的,不一会儿,就有雨滴"噼里啪啦"地掉落。你趴在窗户前,望着外面一会儿大、一会儿小的雨时,有没有想过:雨滴是怎么来的?为什么有的大,有的小呢?

👑 地球上有很多水,太阳光照射下来,一些水蒸发了,变成轻飘飘的水蒸气,飞到高高的天上。天上很冷,这些水蒸气遇冷后,就变成了小水滴。小水滴们抱在一起"取暖",形成了云。

水汽含量90%　水汽含量50%

👑 云里的小水滴越来越多,体积越来越大,重得空气都托不住啦!这时,就会开始下雨,无数雨滴"噼里啪啦"地掉落到地上。有的云里水汽多,降下的雨滴就大;有的云里水汽少,降下的雨滴就小。

07 博物馆里的"大骨头怪"是怎么来的？

化石是古生物的牙齿和骨骼发生"石化作用"后形成的！

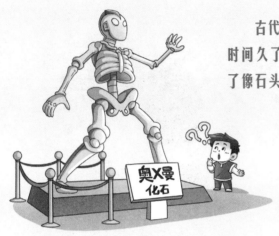

奥X曼化石

古代生物死亡后，遗体被埋藏在地下。时间久了，遗体因为石化作用，慢慢变成了像石头一样坚硬的化石。

哇，博物馆大厅里的恐龙骨架真是太酷啦！讲解员叔叔说："这具骨架是直接用化石拼搭出来的！"化石是什么？是石头，还是动物的骨头呢？

👑 亿万年前，在人类还没有出现时，地球的"主人"是各种古生物。忽然有一天，可怕的灾难发生了！很多古生物不幸遇难，它们的遗体腐烂了，只有骨骼和牙齿被深深埋在泥土下面。

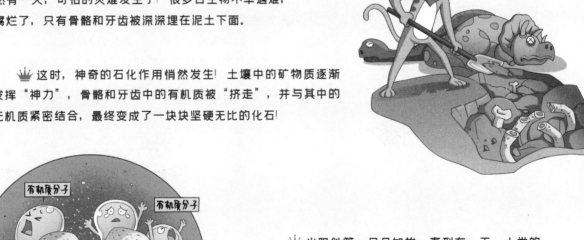

👑 这时，神奇的石化作用悄然发生！土壤中的矿物质逐渐发挥"神力"，骨骼和牙齿中的有机质被"挤走"，并与其中的无机质紧密结合，最终变成了一块块坚硬无比的化石！

有机质分子

有机质分子

矿物质分子

矿物质分子

👑 光阴似箭，日月如梭，直到有一天，人类的考古学家在地下意外发现了它们。考古学家将化石拼起来，放在博物馆里展览，你看到的各种古生物骨架就是这样来的！

揭秘　大风把可怜的青蛙刮到空中,然后像"雨"一样降下来!

天上为什么会下"青蛙雨"?

大风刮过池塘、水边,将生活在那里的青蛙卷到空中。等到风停了,这些青蛙就从半空掉下来,像下雨一样。

外面的风可真大,都不能出去玩啦!咦?天上怎么掉下了奇怪的东西?你贴在窗户上向窗外看去,发现外面竟然在下"青蛙雨"!这也太奇怪啦,到底是怎么一回事?

咦?树叶雨?

你也许有过这样的经历:当大风停止后,天上突然下起了"树叶雨"。这是因为刚刚的风实在太大了,将树叶吹上了天。等到大风一停,没了支撑力的树叶就全掉到了地上,"哗啦啦"地就像下雨。

免费旅行!

"青蛙雨"其实也是同样的道理。猛烈的狂风吹过池塘,一些运气差的青蛙被狂风卷起,带到了高空中,乘着风开始了"不愉快的旅行"。等到狂风变小,再也托不住青蛙时,这些倒霉的"旅行者"就会一只一只从天上落下来,给人一种正在下雨的错觉。

别在这儿停车呀!

除"青蛙雨"外,天上还会下"苹果雨""鱼儿雨"等。真是世界之大,无奇不有呀!

09 火山里的岩浆是从"地狱"里冒出来的吗？

在地幔中，流淌着滚烫的熔岩，这就是岩浆。它们是岩石被高温熔融后的产物。

"轰隆隆！"积蓄了许多年力量的火山爆发了！漆黑的烟柱冲向天空，赤红的岩浆向外喷溅、流淌，一些倒霉的树木被点燃了！火山"发怒"可真吓人呀！但是火山里火红的岩浆，是从哪儿冒出来的呢？

👑 我们虽然在地球上"脚踏实地"地生活着。可是你知道吗，脚下的地球并不是像你想的那样，全部是固体！

👑 地质学家把地球分成了地壳、地幔和地核三个部分，地壳就是我们踩着的大地，地核是地球的核心部分，在地壳与地核之间的部分就是地幔。地幔的温度足有 2000～3000℃，坚硬的岩石在这儿坚持不了多久，就会被高温熔融，形成黏稠、滚烫的流体——岩浆。

👑 岩浆不喜欢乖乖待在地下，有时候会从跟地下相连的火山口"冲"出来，"大闹一场"。喷发出来的岩浆冷却以后，就会变成一种叫岩浆岩的岩石。

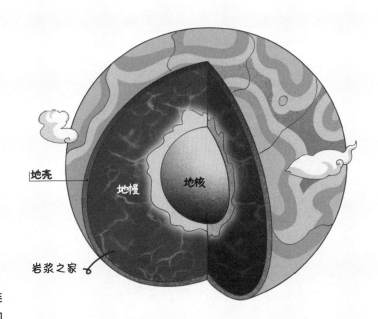

地壳

地幔

地核

岩浆之家

地震是地壳运动引发的震动!

可怕的地震是因为大地发怒了吗？ 10

地球的地壳并不是浑然一体的，而是由一个个板块组成的。这些板块碰撞、挤压的时候，就会发生地震。

哎呀！

"哎呀！"当你把积木垒得高高的，刚想松口气时，一阵剧烈的抖动把积木震倒了！在你还不知道发生了什么的时候，妈妈大喊："地震了！"，搂着你躲到了桌子下面。地震是什么？妈妈为什么这么害怕呢？

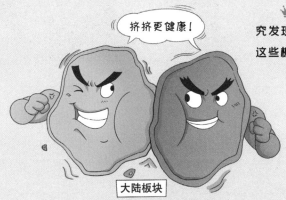

挤挤更健康！

大陆板块

👑 我们脚下的大地看似结实，实际上是在不断运动的。科学家研究发现，地球表面的地壳并不是一个整体，而是由很多板块构成的。这些板块很有"活力"，几乎每时每刻都在运动。

👑 当两个板块在运动中不小心撞到了一起时，就会产生明显的震动。这种震动以地震波的方式传到地面上，就产生了可怕的地震。

地震啦！救命啊！

危险！不能坐电梯！

👑 地震的威力有大有小。小地震你甚至感觉不到，大地震却能"地动山摇"！假如生活中遇到地震，千万不要慌，应该第一时间来到空旷的室外，或者躲在角落里或桌子下面，千万不要乘坐电梯下楼哟！

11 温泉那么热，是有人在下面烧火吗？

ZHEN XIANG |||

真相

温泉是被地下的岩浆加热的！

藏在地下的水，被地底岩浆之类的热源加热，又在压力的作用下，顺着地下的缝隙涌到地面上，就形成了温泉。

瞧，爸爸带回来了什么？是温泉的门票！你还是第一次去泡温泉呢，心情激动极了！到了温泉，你望着冒着热气的水池，不禁有些好奇：温泉这么热，是有人在下面烧火吗？

👑 顾名思义，温泉指的就是温热的泉水。它的温度一般跟人的体温差不多，或者更高一点。不过，温泉可不是人为加热的洗澡水，而是"纯天然"产物！

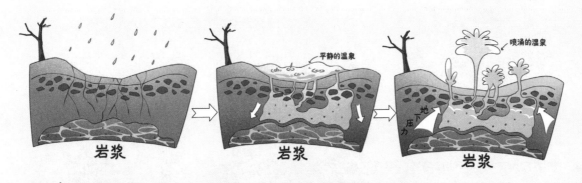

👑 雨、雪等落到地面上，一部分会随着时间的推移慢慢蒸发；另一部分则会渗入地下，"潜伏"起来。这些水在地下与岩浆等热源"亲密接触"，温度明显升高。它们在地下压力的作用下，沿着地层的缝隙向上"冲刺"，最后涌出地面，形成了温泉。

👑 温泉水富含矿物质，温度又十分适宜，所以对人的身体有一定好处。你喜欢泡温泉吗？

平平无奇的土壤竟然也有五颜六色的？ 12

土壤中含有很多矿物质和腐殖质，这两种物质的多少决定了土壤的颜色，如白色土、黑色土、红色土等。

星期天，爸爸、妈妈带你去郊外的采摘园。到了目的地后，你发现这里的土壤黑乎乎的，跟自己在城市里见到的土壤颜色不一样。明明都是土壤，颜色怎么还有区别呢？

👑 很久很久以前，地球上到处都是岩石。随着时间的流逝，这些岩石慢慢被风化，个头越变越小，最后形成了土壤。这些岩石里原本含有很多种类的矿物质，变成土壤后，这些矿物质也"掺"进其中。它们给土壤带来不同的颜色，比如，含铁量高的土壤是红色的，含碳酸盐多的土壤是白色的。

👑 另外，生物死后被埋在地下，土壤里的微生物会将它们分解，形成营养丰富的腐殖质。通常来讲，腐殖质越多的土壤颜色越深。像中国东北大名鼎鼎的黑土，就是典型的腐殖质"大户"。

哇！彩色的土！

碳酸盐大户　铁大户　腐殖质大户

白色土壤　红色土壤　黑色土壤

13 为什么平平无奇的绿色草地会"吃人"？

一块低洼的土地长时间过于湿润，就会形成沼泽。沼泽上会生长一些绿草，看上去像草地一样，人一旦误入，就是"九死一生"！

爸爸从外地出差回来，拿着一张拍摄"草地"的照片给你看，还说："这是会'吃人'的沼泽！"你一万个不相信："这明明看起来就是普普通通的草地，怎么会是沼泽呢？再说，沼泽又不是猛兽，怎么会'吃人'？"

👑 沼泽的"本体"其实就是普通的土地，因为地势低洼，降水多、气温低，这片土地上就积累了很多水，变成了一个"大泥潭"——这就是沼泽。在潮湿的沼泽里，大树没办法生存，各种草类植物却能疯长。慢慢地，沼泽就会被绿草覆盖，变成一个"绿色陷阱"。

来这里玩呀。

我可不是普通的泥水，我的学名是"非牛顿流体"！

👑 有的沼泽虽然看上去是一摊"泥水"，可人一旦陷进去，它就成了固体，将人紧紧包裹住，使人无法脱身！时间久了，人就会越陷越深，最终窒息而死！这就是沼泽"吃人"的真相！

揭秘 云母石是热液蚀变的产物!

石头中也有层层叠叠的"云片糕"? 14

云母石是一种片状矿石，是高温液体侵蚀岩石后形成的新矿物。

在地质博物馆里，你跟爸爸、妈妈一起看五花八门的石头。这时，你竟看到角落里有一块云片糕！是谁把零食放在这里的呀？妈妈说："那可不是云片糕，而是长相特殊的云母石！"

啊??

步步"糕"升

云片糕

👑 云母石的外形不规则，由几层或者几十层薄薄的片状矿石"叠罗汉"构成，用手指轻轻一搓，就能撕下来一片，看起来的确像传统美食云片糕！

也就还有200层吧！

还要叠多少层呀？

👑 奇特的云母石是怎么形成的呢？这还要多亏大自然的鬼斧神工！在自然界，有一种神奇的变化过程，叫热液蚀变。当高温的液体与岩石相遇后，液体中的某些成分与岩石中的成分相互"交换"，最终形成新的矿物。云母石就是热液蚀变的产物。

👑 云母石的分布很广，有的时候扒开厚厚的沙子，就能找到一块漂亮的云母石！

15 "轰隆隆！"大海也会打大哈欠？

地球表面的板块是不断运动的。当海底的板块发生碰撞、挤压时，就会爆发很大力量，导致海啸。

海啸来了，大家快到安全的地方去！

"轰隆隆！"远处的大海传来了可怕的声音。经验丰富的海边居民赶紧提醒游客："海啸要来了！大家快跑到安全的地方去，不然一定会被'海浪高墙'卷走的！"

哈哈哈哈！

救命啊！

啊啊！

👑 海啸是一种从海洋里"诞生"的灾害，其实是好几股特别高大、宽阔的"海浪高墙"。这些"海浪高墙"一旦登陆，就能瞬间摧毁陆地上的建筑，夺走无数人的生命！

嘿嘿嘿……

👑 恐怖的海啸是怎么形成的呢？其实是地壳板块运动捣的鬼！海洋的底部是由板块拼成的地壳，板块运动时相互碰撞、挤压，就会形成海底地震、火山爆发等。这种强烈的震荡将海水掀起，形成一道道巨大的海浪，这就是海啸。海啸的移动速度能达到 700 千米 / 小时，追得上飞机，几小时就能横渡大洋！

因为海水虽然能灭火，却"打不过"岩浆！

为什么大海里明明有那么多水，却浇不灭海底火山？ 16

海底火山喷出来的不是火，而是温度极高的岩浆。岩浆会在地壳薄弱的地方涌上来，再多的海水也浇不灭它。

不要过来啊！

我们去那边！

地壳

岩浆

去海边旅游的时候，你看到酒店的电视里正在放映海底火山喷发的纪录片，神奇而又可怕的景象给你留下了很深的印象。不过，你有没有想过：海里明明有那么多水，为什么浇不灭海底火山呢？

♛ 海底火山和地面上的火山一样，都是板块运动的"杰作"。平时，滚烫的岩浆被坚固的地壳封在地下，一旦遇到地壳薄的地方，岩浆就因为地下巨大的压力一股脑儿冲出来，形成喷发的火山。

♛ 所以说，火山并不喷火，而是喷岩浆。海水虽然能灭火，但面对黏稠、滚烫的岩浆，也无能为力啦！

嘿嘿！

海水

火焰

啊！

海水

看我的岩浆岩保护罩！

岩浆

♛ 不过，当岩浆接触到冰冷的海水后，温度会很快降低，凝固成岩浆岩。就这样，岩浆岩在火山口的四周越堆越高，逐渐露出海面，变成一座"火山岛"。著名的夏威夷群岛就是这样形成的！

17 需要什么翻译系统，才能听懂云"说"的话？

蒸发的水汽飘到空中，形成了云。云的形状、薄厚等受天气影响，因此可以"预报"晴雨。

爷爷望着头顶的云说："一会儿可能要下雨。"不久，果然下起了雨。你崇拜地问爷爷是怎么知道的，爷爷神秘地说："是云告诉我的！"

要下雨啦，快收衣服！

👑 在听懂云"说的话"之前，你首先要知道，云是怎么来的。地上的水分蒸发，变成水蒸气，飞到了空中。这些水蒸气跟空气里的灰尘结合，形成微小的水滴。小水滴又抱成团，飘浮在空中，这就是我们看到的云。

👑 不同天气形成的云形态也不同。气压较高、水汽较少的时候，容易形成薄薄的云；气压较低、水汽多的时候，容易形成厚而密的云。因此，薄薄的云一般预示着晴天，厚而密的云一般预示着阴雨，这就是云的"基本语言"！

👑 除此之外，有经验的人还能和云进行"高阶对话"，并总结出了一些有趣的口诀！比如，"天上钩钩云，地下雨淋淋""棉花云，雨快临"等。现在，你是不是也能听懂云"说的话"了呢？

为什么只有沙漠里有那么多沙子，别的地方没有？ 18

沙漠气候干旱，没有植被的保护，土地完全暴露。在大风的侵蚀下，岩石、土壤渐渐风化，变成了满地的沙子。

节假日到了，全家一起去沙漠旅游。抵达目的地后，你看着广袤的沙漠，感慨大自然的神奇。不过，一个问题一直在你的头脑里挥之不去：为什么沙漠里会有这么多沙子呢？

♛ 数不清的沙子组成了沙漠。想知道沙漠是怎么来的，就要了解形成沙子的条件。岩石经过长年的风吹日晒，慢慢被风化，变得破碎，碎石之间又相互摩擦、挤压，千百万年后，就变成了细碎的沙子。

♛ 沙漠的形成也是同样的道理，高温、干旱和大风，一个都不能少。想象一下吧：天气炎热，干旱少雨，植物都"渴"死了。没了植物的保护，地面裸露出来，被风化得支离破碎，最终便成了一望无际的黄沙。

♛ 沙漠有很强的"侵略性"，它会随着大风扩散，"蚕食"绿色的原野。因此，我们要保护环境，爱护花草树木，绝不给沙漠"可乘之机"！

这日子没法过了！

19 地球外部有一层臭臭的"保护伞"?

在我们头顶20～50千米的高空，分布着一层厚厚的臭氧。它们是被太阳光里的紫外线"照"出来的。

妈妈对紫外线过敏，炎热的夏天还要穿着防晒衣。你心疼妈妈，心想：要是没有紫外线该多好呀！可是你知道吗？其实我们每天晒到的紫外线，都是被"过滤"后的了！

👑 100多年前，科学家在做试验时，意外发现了一种叫臭氧的物质。后来人们发现，在自然界也有很多臭氧。只不过它们"生活"的地方有点偏，在20～50千米高的天上！在那里，大量臭氧包裹住地球，形成了厚厚的臭氧层。

👑 说出来你也许不信，臭氧其实是被紫外线"照"出来的！太阳发射的紫外线照到地球表面的大气层上，将一些氧分子分解成氧原子。这些氧原子很不稳定，跟没分解的氧分子发生反应，就形成了臭氧。

👑 臭氧虽然有一股奇特的臭味，但能将太阳光里的大部分紫外线挡住，保护了地球上的动植物。同时，它还能让地球保持恒温，不会太冷或太热。

臭氧～

好……

氧分子

快递无法派送，自己下来取！

揭秘

大山是地壳运动形成的！

高高的大山是愚公"移"过来的吗？ **20**

地壳的不同板块互相挤压、碰撞，边缘就会慢慢隆起，形成山脉。山脉的走向是板块之间挤压的方向不同导致的。

在一个风和日丽的上午，你们全家一起去爬山。当你站在山脚下抬头仰望时，小脑瓜里忽然冒出一个念头：有个故事叫"愚公移山"，难道眼前的大山也是愚公"移"过来的吗？

任务	
移山总数：3座	
移山目标：300座	

👑 要知道，"愚公移山"不过是一个神话故事罢了！大山的真正成因，还要从地球上的"板块"说起！

👑 要知道，地球上的大地并不是"铁板一块"，而是由许多会运动的板块组成的。这些板块像一艘艘船一样浮在地球表面，难免会磕磕碰碰。当两个板块撞到一起时，相撞的边缘会互相挤压，向上隆起。随着时间的推移，板块边缘隆起得越来越高，最终变成了你看到的山。

👑 地球上最古老的山脉是南美洲的阿拉巴契亚山脉，足足有 4.8 亿岁！但跟地球 46 亿岁的高龄比起来，只能说还是太年轻了！

撞起包了！

哎哟！

大陆板块

21 为什么都是"蓝蓝"的天空，没有"粉粉"的天空？

真相

因为蓝光波长短，容易被散射！

太阳光其实是由七种颜色的光组成的。其中蓝光波长短、能量大，容易被大气里的各种微粒分子散射，所以我们看到的天空是蓝色的。

好粉的天啊？

绘画课可真有趣呀！你画了一只白白的小猫，小林画了一棵绿绿的大树，小美画了一片粉粉的天空……不过老师说小美画得不对，天空应该是蓝色的！这时，爱动脑筋的你问："为什么天空都是蓝色的呢？"

👑 这一切都是太阳光的"小把戏"！当你将三棱镜放在太阳底下时，会发现它将光变成了七种颜色：红、橙、黄、绿、蓝、靛、紫。没错，太阳光虽然看似透明，实际是一种复色光。

👑 当太阳光"闯进"地球表面的大气层时，大气层里许多像三棱镜一样的微粒分子，就把太阳光"一分为七"。其中，波长比较长的，比如红光，会直接"冲破"重重阻碍，"一往无前"地直接射到地面。

👑 波长比较短的，比如蓝光、紫光，就会被大气里的微粒分子散射，形成天空的颜色。与紫光相比，太阳光里的蓝光比较多、能量大，所以我们看到的天空就是蓝色的啦！

冲啊！

冲啊！

冲啊！

当一朵带着正电荷的云和一朵带负电荷的云在空中相遇时，正电荷与负电荷相结合，就会产生明显的放电现象，发出巨大的响声。

轰隆！

妈呀！！

妈妈！来福被吓得会说话啦！

天空阴沉沉的，乌云翻滚，忽然，一道明亮的闪电从天边划过。不一会儿，"轰隆隆"的雷声响了起来，家里的小狗被吓得跳了起来，一头钻进你的怀里，"汪汪"地叫着，好像在说："这可怕的雷电，是从哪儿来的呀？"

👑 这一切还要从天上的"棉花糖"——云说起。每朵云里都有很多小水滴和冰晶。高空的气场很不稳定，一会儿冷空气飞快下降，一会儿热空气猛地升起。云朵里的小水滴和冰晶被颠得"晕头转向"，一不留神就撞到了一起。当小水滴和冰晶猛地撞击时，就会让云带上电荷。

水滴　冰晶　水滴

恭喜你们，带上了正电荷。

哼！

哈！

👑 在不同的情况下，云里带的电荷也不一样，有的带正电荷，有的带负电荷。当带着不同电荷的云"狭路相逢"时，就会剧烈放电，形成吓人的雷电。

👑 雷与电虽然是同时产生的，但因为光的速度比声音快，所以我们一般先看到明亮的闪电，然后才听到雷声。

23 为什么南极地区的"土特产"是陨石？

南极大陆十分古老，又被广阔的冰层覆盖，拥有保存陨石的绝佳条件，由于冰层的运动，当地的陨石容易"搁浅"、聚集。

电视节目里，主持人宣布科考队员又在南极发现了一个"陨石大本营"，并对观众说："这些就是南极的'土特产'！"咦？陨石为什么就这么偏爱南极呢？

南极土特产

大气层

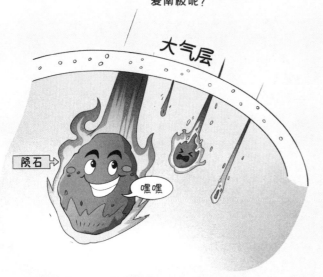

陨石

嘿嘿

👑 别着急，先让我们好好了解一下陨石！宇宙里的小天体、碎石块被地球引力"抓捕"，在通过大气层、坠落到地面后，就变成了陨石。其实，陨石砸向地球的现象经常发生，只不过大部分都在经过大气层时被烧干净了，只有一小部分掉落到地面上。

👑 既然到处都有陨石，为什么它被称为南极的"土特产"呢？

① 陨石的颜色深，跟南极冰雪的白色形成鲜明对比，容易被找到。

② 南极大陆面积辽阔，冰盖历史更是长达上千万年，从古到今的陨石一应俱全。

③ 陨石会跟随冰盖运动，在受到地形阻碍时容易"搁浅"。等到冰盖融化，这些陨石就集中暴露出来啦！

走开！没看到我们在开会吗！

是谁把水浇在了大山上，形成了冰川？ 24

在寒冷的南北极、高山地区，降雪经过长年累月的变化，积聚成结实、致密的冰川冰。冰川冰缓慢地移动，就形成了冰川。

电影里，一艘科考船在极地迎头撞上了冰川，结果被困在原地动弹不得。你看着电影中的茫茫冰川，感到有些好奇：是有人将水浇在大山上，才冻成了"冰川"吗？

我变！

👑 首先要纠正一点，冰川冰和普通的冰完全不同！普通的冰是水在低温下形成的，而冰川冰则是由雪直接变成的！

👑 雪花本来是一种六角形的晶体，但在特殊情况下，它会变成圆圆的晶体，称为粒雪。粒雪越来越多，也被越压越实，晶体间的空气排了出去，就形成了早期的冰川冰。

按辈分，我是你爸爸的三哥的表舅的二大爷的孩子。

👑 冰川冰刚形成时是乳白色的，时间久了，它会变得更加致密、坚硬，里面的空气也逐渐减少，慢慢地变成蓝色，像晶莹的水晶一样。

👑 在重力作用下，冰川冰沿着山坡慢慢移动，在它经过的"路上"，形成了连绵不断的小山，这就是我们见到的冰川啦！

25 空中的"旋转大漏斗"是从哪里来的？

当天气变得不稳定时，大气中会产生猛烈的对流运动，这种对流运动就是龙卷风的主要成因。

在灾难片里，从天上直直垂下的龙卷风在大地上肆虐，造成了巨大的破坏。没见过龙卷风的你对它很好奇：这个奇怪的"旋转大漏斗"，到底是从哪儿来的呀？

龙卷风

👑 龙卷风是一种可怕又神奇的自然现象，一般出现在夏季的雷雨天气里。这时的大气十分不稳定，地面的水蒸气蒸发，形成猛烈的上升气流。这股上升气流在恶劣天气的"鼓动"下，变得越来越强，最终冲入了对流层的高空。

加油！

水蒸气气流

👑 在这里，上升气流会受到切变风的作用，开始旋转，"变身"成一个气旋。慢慢地，这个气旋越转越快，并向下延伸，变成一个旋转的"漏斗"！有的时候，"漏斗口"接触到水面，还会将水吸到空中，形成水柱。所以，龙卷风也有"龙吸水"的别称。

👑 龙卷风的破坏力很强，拔起大树、掀翻车辆对它来说是"小菜一碟"。一旦遭遇龙卷风，要立刻躲到洼地或坚固的地下室里，千万不要站在户外！

为什么秋天的湖水比夏天更清澈？ 26

因为秋季雨水少，湖中水藻也比较少！

夏季降水多，很多泥沙被冲进湖水，再加上温度高，湖中水藻迅速繁殖，因此湖水比较浑浊；秋季正相反，因此湖水比较清澈。

秋天

秋高气爽，爸爸、妈妈带你去湖里划船。你看着清澈见底的湖水，突然想到这样一件事：明明夏天来的时候，湖水十分浑浊呀！怎么到了秋天，就变得干干净净了呢？

👑 这不是你的错觉！秋天的湖水的确比夏天清澈很多！我国大部分地区位于季风气候区，夏季下雨多，秋冬下雨少。夏天"哗哗"下大雨的时候，岸边的泥沙、灰土被冲进湖水，让湖水变得很浑浊；而秋季的时候，这些泥土慢慢沉到湖底，水就清澈了！

夏天

你们把我弄脏啦！

怪我咯？

湖底

👑 当然，也有湖中水生植物的"过错"。夏天湖水的温度比较高，水草、水藻等迅速生长，在水面、水下形成黑绿色的一片，因此看上去脏脏的；秋天湖水温度下降，水生植物不那么"活跃"，湖水就变得清澈见底啦！

还没看过瘾？
那就继续吧！
GO！

👑 地球两极地区为什么会有美丽的极光？

太阳的日冕层会释放出一种高能带电粒子流，也就是太阳风。大部分太阳风被地球的磁层挡在外面，一小部分会沿着地球的磁力线进入两极地区，并与大气层中的原子、分子撞击，产生大规模放电，在天空中形成美丽的极光。

👑 为什么冬天冷、夏天热？

我国大部分地区处于北温带地区，冬季太阳斜射地面，日照时间短，地面接收的热量很少，因此冬天寒冷；夏季则相反，太阳直射地面，日照时间长，地面接收的热量很多，因此夏天炎热。

👑 为什么大西洋两岸的陆地可以拼起来？

地球的大陆原来是一个整体，称为泛大陆。后来由于地壳运动，泛大陆慢慢裂成几大块，并向不同方向漂移，形成现在"七大洲、四大洋"的基本面貌。大西洋两岸就是泛大陆断裂的部分之一，所以可以拼合。

👑 为什么称拉萨为"日光城"？

拉萨位于青藏高原地区，海拔3650米，空气稀薄，降水较少，晴天多，这使得阳光照射量十分充足，平均每天有8小时15分钟的太阳照射，比在同纬度的东部地区多了不少，比四川盆地多了两倍，因此有"日光城"之称。

👑 为什么喜马拉雅山被称为"地球之巅"？

喜马拉雅山是地球上最高大的山脉，它耸立在青藏高原南缘，平均海拔在6000米以上，拥有40多座海拔7000米以上的高峰、14座海拔8000米以上的高峰。其中，珠穆朗玛峰的海拔是8848.86米，是世界第一高峰。

👑 为什么雨水不能直接喝？

空气中有很多浮尘，如工厂里排放的废气、地上扬起的灰尘等；还有很多有害气体，如二氧化硫、碳氧化合物；同时也有不少细菌、病毒，它们的质量很轻，飘浮在空气中。雨水在下落的过程中沾到了这些东西，当然不干净了！

👑 黄河为什么是黄色的？

黄河流经黄土高原，那里植被覆盖率低，土质松软，由于长期的风化作用，水土流失十分严重。每次黄河涨落，都会将岸边松软的黄土带入河中，导致黄河水含沙量巨大，变成黄色。

👑 为什么刮西北风特别冷？

在中国，西北风是从西伯利亚和蒙古高原吹来的。这些地区纬度高，获得的太阳热量少，气温相对较低，而且降水稀少，气候干燥。每当刮西北风时，这些地方的干冷空气就被带到我国境内，让我们感到特别冷。

👑 为什么冬天下雪不打雷？

雷电形成的主要原因是云层中集聚了大量电荷，而这些电荷的形成大多是因为天气潮湿、暖气团上升，与冷气团摩擦导致的。冬天空气干燥，气温低，地面没有暖气团上升，因此云层中就不会产生电荷，自然不会打雷啦！

👑 令人恐惧的海平面上升是什么原因导致的？

海平面上升的根本原因是全球变暖。海水会热胀冷缩，温度越高，海水的体积就越大，海平面自然就上升了。另外，全球变暖导致的极地冰川融化，也是海平面上升的又一大原因。

台风为什么能带来好处?

台风虽然会引起大风、暴雨,给人的出行带来很多麻烦,但也给需要大量水分的农作物带来了丰沛的及时雨;另外,台风的到来还能给炎热的地区降降温,如果没有台风,热带会更炎热,寒带会更寒冷,我国的"春城"昆明、"北大仓"、内蒙古大草原也将不复存在!

海底为什么有古城的遗迹?

千百年来,地壳运动造成很多地方下沉。下沉的地方如果是沿海地区或岛屿,这里的城市就会"沉睡海底"。如果地壳保持不动,某些沿海地区或岛屿也会因为海平面上升被淹没。

为什么会刮风?

风是空气流动引起的。太阳辐射会使地面的温度上升,靠近地面的空气会受热膨胀,向高空升去,这样就在地表附近形成了一块空气"空缺"。别的地方的空气发现这个"空缺"后,会争先恐后"跑来"补充,这种空气的流动就产生了风。

避雷针真的"避雷"吗?

避雷针不是避雷,而是"引雷"。它是一根又高又细的铁针,连接着地面。每当雷雨天气时,避雷针就会利用尖端放电现象吸引云层的雷电,并将它导入地下。可以说,避雷针是"牺牲"了自己,保护了建筑物!

为什么说"一场秋雨一场寒"?

在我国的秋季,一股股冷空气从西伯利亚和蒙古高原南下,进入中国的大部分地区。这时,它会与逐渐衰退的暖湿空气相遇,并形成降雨。冷空气一次次南下,造成一次次降雨,也使当地的温度一次次降低,这就是俗语中的"一场秋雨一场寒"。

为什么会发生雪崩?

高山上气候寒冷,有着厚厚的积雪。这些积雪被阳光照射后,表层的一部分会融化,变成雪水,渗入下层的积雪中,这样一来,下面的雪就不再紧实。积雪与山坡面的摩擦力减小,在积雪重

力的作用下,会突然向下滑动,形成雪崩。

为什么四川盆地没有严寒天气?

四川盆地纬度较低,因此即便在冬季,太阳直射点到了南半球,依旧能获得较多的太阳辐射。同时,四川盆地北部的大巴山如同一扇大门,阻挡了北方冷空气的侵袭,使得四川盆地即便在冬天也依旧温暖。

地球上为什么会出现温室效应?

温室效应主要是因为工业社会过多地使用煤炭、石油和天然气,导致空气中的二氧化碳急剧增加。二氧化碳就像一层厚厚的玻璃,有着超强的保温效果,使地球变成了一个"大暖房",导致两极冰川融化、生态环境破坏等。

为什么美国的龙卷风那么多?

美国东临大西洋,西靠太平洋,南有墨西哥湾,大量水汽从海洋涌入,容易出现雷雨天气。此外,美国位于中纬度地区,春、夏季受到较强的副热带高气压影响。在这种情况下,如果遇上强对流天气,出现龙卷风就是分分钟的事了。

为什么我国北方春天容易产生沙尘暴?

我国西北地区及西北邻国,都有大面积的沙漠分布,这些地区气候干旱,植被覆盖率低,地上的沙尘很容易被风刮到空中。春天气温回升,蒸发加剧,地表就更干燥了,而我国北方地区春季常刮西北风,沙尘就乘着风,前来"报到"了。

为什么珊瑚礁被称为海洋中的"热带雨林"?

珊瑚礁是海洋中一种特殊的生态系统,是珊瑚虫死后的骨骼堆积成的。珊瑚礁里生活着大量的蠕虫、软体动物、海绵等,构成了复杂而神秘的生态系统,就像陆地上的热带雨林一样孕育着大量生命。世界上最大的珊瑚礁是澳大利亚大堡礁。

为什么会有红色的"雪"?

在南极曾经发现过红色的"雪"。科学家研究发现,这并

不是雪，而是一种叫雪衣藻的藻类生物，因为其体内含有红色的胡萝卜素，在南极又大面积出现，因此被误认为红色的雪。不过连雪衣藻这种不耐寒的藻类都能在南极生存、繁殖，可见气候变暖对环境的影响有多大！

为什么赤道不是世界上最热的地方？

判断一个地方是否炎热，除看纬度的高低外，还要看它接收的太阳辐射量。赤道地区虽然纬度最低，但是气候湿润，降雨较多，天空中云量大，将很多太阳辐射挡住了。此外，赤道地区植被覆盖率较高，海洋面积大，升温缓慢，并不像你想象的那么热。世界上最热的地方一般在非洲、南美洲、中东地区的沙漠地带。

离北极圈最近的首都是哪里？

冰岛的首都雷克雅未克是世界上最靠北的首都，不过它并没有你想象的那么寒冷。因为受到北大西洋暖流影响，雷克雅未克的1月平均气温为0.3℃，比同纬度的其他地区高出不少。

荷兰的一部分国土竟然是人造的？

荷兰是一个低地国家，领土面积小，人口稠密，因此增加国土面积一直是该国的主要国策。荷兰大约有五分之一的国土是填海造陆而来的。

美国和俄罗斯其实是"邻居"？

美国和俄罗斯之间最近的距离还不到4千米。白令海峡中有两个群岛，西面大一点的叫大代奥米德群岛，属于俄罗斯；东面小一点的叫小代奥米德群岛，属于美国。

10月1日是两个国家的国庆节？

世界上有两个国家的国庆节都在10月1日，一个是中国，另一个是非洲的尼日利亚。

城市也能跨两个大洲？

土耳其的伊斯坦布尔是唯一地跨两大洲的城市，分别是亚洲和欧洲。作为欧亚两洲分界线的博斯普鲁斯海峡从城中穿过，将这座古城一分为二。

南极洲的冰盖有多厚？

南极洲冰盖的平均厚度是2千米，如果这些冰盖全部融化，全世界的海平面将上升70多米，绝大多数沿海地区会被淹没。

沙漠中为什么会出现"海市蜃楼"？

这是阳光遇到不同密度的空气而出现的折射现象。沙漠的地面白天被太阳炙烤，温度迅速升高，使空气出现了上冷下热的情况。上层空气密度高，下层空气密度低，阳光在密度不均的空气中发生折射，就将远处城市的虚像投射到人们面前了。

为什么有的地方沙子会"唱歌"？

有的学者支持"缝隙论"，他们认为沙漠里的沙粒十分干燥，沙粒之间的缝隙里有空气，就构成了一个个小"音箱"。沙子在运动时产生振动，而沙粒之间的缝隙将这些振动放大了，我们就听见了沙子的"歌声"。

华北平原为什么那么平坦？

其一是地壳运动导致的。太行山和黄土高原的地势抬升，导致东部华北平原整体缓慢下沉，地势变平坦。其二是因为海河、黄河、淮河中携带大量泥沙，这些泥沙堆积、沉降在华北平原地区，最终使这里的地势平坦而辽阔。

用天然矿泉水泡澡真的能治病吗？

用矿泉水泡澡时，人体所受到的压力和浮力比在普通水中要略大一些，可促使身体组织收缩，使呼吸更舒畅。此外，矿泉水中的化学元素会通过皮肤进入体内。不过这只是一种保健方式，并不能真的治病！

一年为什么有四季？

四季是因为地球的公转而形成。地球是"侧着身子"旋转的，这就使得太阳光的直射点在南、北回归线之间来回移动。

直射点位于北回归线与赤道之间，北半球就是夏季；直射点位于南回归线与赤道之间，北半球就是冬季；直射点位于赤道附近，北半球就是春季或秋季。

为什么海水有涨有落？

海水的涨落是由于月球的引力。月球离地球比较近，它的引力会像一块磁铁，将海水"吸"上去，形成涨潮。等月亮运动到别的地方，"吸"力减小了，涨起来的潮水就会退下去。

为什么在地球上有的地方指南针失灵？

指南针是利用地球两极的磁力工作的，如果站在南极点或北极点上，磁极就在你的脚下，指南针就会失灵。另外，指南针失灵也有可能是某地有巨大的磁铁矿，干扰了指南针。

浮石为什么能浮在水面？

浮石是一种火山石，它是火山喷出的岩浆迅速冷凝形成的，因为其中的空气尚未排出，所以它全身是孔，总体密度比水小，可以浮在水面上。

为什么山顶离太阳近，反而比山下冷？

太阳离地球的距离很远，因此地面上的热量主要来自地面辐射。山顶离地面远，受到的地面辐射少，因此气温低。地理学中有一个计算公式：海拔每升高 100 米，气温约下降 0.6℃。

为什么清明节总爱"雨纷纷"？

降雨是由于冷暖气团相遇引起的。清明时期，"霸占"我国大部分地区的西伯利亚冷气团开始减弱，来自海洋的暖气团活跃起来。它们"一退一进"，正面"冲突"，所到之处就会引起"雨纷纷"。

我国的地势为什么西高东低？

我国幅员辽阔，西部处于亚欧板块和印度洋板块的交界处，板块挤压隆起，形成了巍峨的高原和山脉；东部是很多河流的入海口，河流冲刷大地，大量泥沙堆积，导致地势平缓低矮。

世界上名字最长的城市是哪个？

泰国的首都曼谷是世界上名字最长的城市，它的全名是：共台甫马哈那坤弃他哇劳狄希阿由他亚马哈底陆浦欧叻辣塔尼布黎隆乌冬帕拉查尼卫马哈洒坦，别名叫"天使之城"。

中国面积最大的县是哪个县？

中国面积最大的县是新疆维吾尔自治区巴音郭楞蒙古自治州的若羌县，总面积达 20.23 万平方千米，相当于 2 个浙江省、12 个北京市或 32 个上海市的面积。

为什么非洲国家的边境线大多很规整？

因为非洲地区长期遭受殖民统治，殖民者之间的交易往往不考虑民族、环境因素，而是直接用尺子在地图上画线，用来区分不同的国家。

新疆到底有多大？

新疆的总面积是 166 万平方千米，比北京、天津、陕西、山西、山东、河南、河北、湖南、湖北、安徽、江苏、上海、浙江这 13 个省（直辖市）加在一起还要大。

太平洋的面积有多大？

太平洋是世界上最大的大洋，面积是 1.816 亿平方千米。就算将世界上所有的陆地都放入太平洋中，仍有 3000 多万平方千米的空余！

四川为什么叫"天府之国"？

"天府之国"的意思是指四川盆地土地肥沃、物产丰富。因为四川盆地终年温暖、降水充沛，还有肥沃的"紫色土"，适宜农作物的生长。再加上都江堰等水利枢纽方便了灌溉，使这里的农业十分发达，先后出现了很多有名的人物。

云贵高原为什么崎岖不平？

云贵高原有典型的喀斯特地貌。这里属于亚热带季风气候，夏季降水很多，地表又主要由石灰岩构成，地表和地下水对石灰岩有溶蚀作用，因此形成了很多落水洞、圆洼地、岩洞、峡谷等地貌，使地形破碎，崎岖不平。

👑 在黄土层中修的窑洞为什么不会倒？

因为黄土层的直立性非常好。黄土的结构与其他土壤不同，它的剖面是一个十分光滑的平面，不像其他土壤一样松散，这就为人类修建窑洞创造了绝好的条件。

👑 柴达木盆地为什么被称为"聚宝盆"？

因为柴达木盆地拥有丰富的矿产资源。柴达木盆地是中国最大的钾盐生产地，还有着丰富的煤炭、石油、天然气、铁、铜矿、锂、铬等资源。

👑 为什么说"冰山一角"？

冰的密度比水小，因此会浮在水面上。根据阿基米德定律，当冰山漂浮在海面上时，它所排开的水的体积是自身体积的0.8倍。也就是说，在海面上只能看到冰山20%的体积，其余的80%隐藏在海面以下。

👑 为什么白天也能看到月亮？

月亮其实一直挂在天上，只是因为白天太阳光过于强烈，将月亮的光芒隐去了，所以只有在黎明和午后这种太阳光相对微弱的时候，月亮才会在天上"低调"地露出脸。

👑 为什么黑土地更肥沃？

因为黑土中含有大量腐殖质。腐殖质是微生物分解土壤中死亡的生物体而产生的，有着增强土壤肥力的神奇作用。因此黑土地很适合种植农作物。

👑 为什么沙漠里昼夜温差非常大？

沙漠气候干旱，天空没什么云，太阳辐射强，再加上沙子导热快，所以白天非常热。到了晚上，地面辐射因为没有云层遮挡，热量大量流失，再加上沙子散热快，所以晚上非常冷。

👑 海面上为什么"无风也起浪"？

海浪是因为风产生的，但并不会在风停时马上停止，而是会波动好长一段时间。另外，海浪的波长很长，会源源不断地向外传播。

👑 南极和北极哪个更冷？

北极的平均温度是–30℃，而南极的平均温度是–60℃，所以南极更冷。因为北极地区主要是海洋，南极则是厚实的大陆。冬季在同样的气温下，大陆要比海洋冷得多。

👑 相同纬度的地区，气候差异为什么那么大？

气候不仅受纬度影响，也受降水、洋流、地势等影响。比如青藏高原和长江中下游平原在同一个纬度，因为地势不同，前者就比后者冷得多。

👑 为什么井水冬暖夏凉？

井水冬暖夏凉是相对于冬、夏的气温来说的。水的比热容大，在吸收同样热量的情况下，升温会比钢铁等固体慢。因此，井水在冬天与夏天温度变化不大，仅有3～5℃。

👑 为什么沙丘会"走路"？

沙丘在风的吹动下会向前"走路"，"走路"方式分为两种。一种是"跳跃式"的，即风把沙粒刮到天上，吹动一段距离后再落下；另一种是"爬行式"的，即风不断将后层沙子"推"向前方。

👑 美国有88个"华盛顿"？

都是重名惹的祸！美国的首都是华盛顿，西部还有一个华盛顿州。除此之外，还有28个叫"华盛顿"的城镇，再加上重名的县……美国足足有88个叫"华盛顿"的地方！

👑 海南为什么没有冬天？

海南是中国唯一没有冬天的省份。海南岛位于热带地区，属于热带季风气候，即便是在全国最冷的1月，气温仍能达到17～24℃，是一个天然"大温室"。

GO！
向外太空出发

01 浩瀚的宇宙从前竟然只是一个点？

我们的宇宙原本是一个没有大小、没有质量的"奇点"，通过宇宙大爆炸才逐渐变成了今天的样子。

奇点

OK

我存在了，但没有完全存在。

你知道宇宙最早是什么样的吗？是生来就这么广阔，还是从一个"小宇宙"成长而来的？其实都不是！浩瀚的宇宙从前只是一个点，这真是令人想不到！

👑 形成宇宙的点——"奇点"，是一种不可思议的存在。它没有形状、没有体积，却拥有无限大的质量、无限大的密度和无限高的温度。

👑 大约在137亿年前，奇点开始膨胀，并发生了大爆炸。"砰！"大量能量和物质被喷射出来，宇宙就此诞生。在此后的几亿年中，在引力作用下，星系、星云和恒星形成了，宇宙也逐渐变成了我们今天看到的样子。

能量分子

BOOM

我们来组成一个恒星吧！

别找我，我只是来客串的。

谁能告诉我一千亿亿亿亿亿分之一秒到底有几个零啊！

👑 宇宙大爆炸理论是比利时宇宙学家勒梅特在1927年首次提出的。科学家认为，今天的宇宙依然在不断膨胀！

👑 其实，宇宙大爆炸只"砰"了短短的一千亿亿亿亿亿分之一秒，就形成了一个桃子大小的"小宇宙"。在极短的时间内，"小宇宙"快速膨胀，变成了从前的十亿亿亿倍大！

太阳不开心了，脸上也会长"黑头"？ 02

揭秘

那其实是太阳黑子!

太阳黑子是太阳表面刮起来的巨大风暴。它们呈旋涡状，温度比其他地方低，因此在明亮背景的衬托下，看上去像黑色的。

你一定看过天文台公布的太阳图片吧？图片里的太阳并没有我们肉眼看上去那么闪亮、平整，上面甚至有不少黑漆漆的小点——难道太阳也像人类一样，脸上会长"黑头"吗？

👑 当然不是！要知道，那一个个黑点可是一种重要的天文现象，叫作太阳黑子！

👑 我们都知道，太阳是一个燃烧着的大火球，表面温度足有 6000 ℃！不过灼热的太阳表面并不平静，时不时就会形成巨大的风暴旋涡。这些旋涡的温度为 4500 ℃ 左右，比别的地方低，所以在明亮背景的衬托下，看上去像是黑色的。这就是大名鼎鼎的太阳黑子啦！

没有对比就没有伤害，原来我还不够热!

太阳黑子

太阳

👑 太阳黑子可是很"顽皮"的，它们会干扰地球的磁场，影响航天器、通信、导航等，还会影响地球上的气候！不过，随着人类的科技进步，也许能找到"管教"这些太阳黑子的好办法呢！

太阳黑子

地球

03 土星为什么总转着"呼啦圈"?

土星的光环由无数冰块、砂石组成，它们以很快的速度围绕土星运转，并反射着太阳光。

土星

太阳系选美大赛

你会转呼啦圈吗？能连续转多长时间？5分钟？10分钟？告诉你一个秘密，有人能连续转十几亿年的呼啦圈！它就是被称为"太阳系最美行星"的土星。

👑 你也许会问："土星的'呼啦圈'是什么样的呢？"其实那就是它的美丽的光环，从一端到另一段的距离约27万千米，厚度达10千米，堪称太阳系最大呼啦圈！

👑 早在1610年，伟大的科学家伽利略就提出，土星可能有一个神奇的光环。半个多世纪后，科学家发明出更大、更清晰的天文望远镜，终于看到了它。

👑 土星的光环从里到外一共有7层，亮度各不相同，这就让整个光环有了"渐变感"。人们猜测，在太阳系产生的时候，某些冰与砂石围绕着太阳公转，后来逐渐来到土星身边，在引力的作用下，开始围绕着土星旋转，形成了美丽的光环。

快看看土星的光环是什么样的！

伽利略

1610年造

设备太低档了，看不清楚！

揭秘 "钻石雨"是"甲烷＋强闪电"形成的！

为什么海王星上会下"钻石雨"？ **04**

海王星的大气中有大量甲烷，被强闪电击中就变成了碳。在高温高压下，落下的碳被极度压缩，最终变成了"钻石"。

你认为最昂贵的珠宝是什么？ 80% 的人会脱口而出："是钻石。"但你绝对不敢相信，在遥远的海王星上，时不时就会下一场"钻石雨"！

海王星

👑 不过，假如你产生了到海王星上捡钻石的念头，我劝你还是赶紧打消了吧！海王星上的钻石，可不是那么容易就能捡到的！

来打一架吧！

甲烷

强闪电

碳

👑 形成"钻石雨"的两大"功臣"是甲烷和强闪电。海王星的大气中含有大量甲烷，一旦出现强闪电，甲烷就会被"烤焦"，成为煤灰一样的碳，从高空落下来。由于海王星的环境为高温、高压，这些碳会被迅速压缩，变身成璀璨的钻石，从天上纷纷落下。

👑 不过，这不代表海王星上堆满了钻石！海王星是一颗液态行星，越接近它的表面，温度越高、气压越大。最终，这场令人心动的"钻石雨"在超高温、超高压下变成了液态碳，消失在海王星的海洋中。

05 永恒燃烧的"大火球"也会走向死亡？

太阳目前处于"主序星"阶段，正值壮年。
随着时间的推移，它会不断膨胀，最终耗尽能量。

每天我们都能看到红彤彤的太阳从东边升起，从西边落下。假如有一天，
太阳不再升起，我们的世界会变成什么样呢？可别觉得这是痴人说梦！很多很
多年后，太阳就会"死亡"！

我是婴儿
时代的太阳。

👑 我们先来聊一聊，太阳
是怎么产生的。在广袤的宇宙
中，有一团巨大但很稀薄的气
体，这团气体不断地收缩，最
终变成了一颗原恒星——就是
婴儿时代的太阳。

现在，我已经
45.7亿岁啦！

👑 太阳成长的方式不是
"变大"，而是"缩小"。
原恒星的体积越缩越小，密
度越来越大，开始发出光和
热。这时，太阳已经进入"主
序星"阶段啦！我们现在看
到的太阳正处于这个阶段。

👑 大约50亿年后，
太阳就会停止收缩，开始膨
胀，进入可怕的"红巨星"
阶段。这时我们的地球可就
危险了！一不小心，就会被
愤怒的太阳吞噬掉！

地球

👑 60亿～70亿年后，
太阳的能量将全部耗尽，
变成一颗可怜巴巴的白矮
星，不再发光发热。难怪
天文学家说："白矮星是
恒星的坟墓！"

揭秘 因为它被人类"算错"了！

为什么冥王星被"踢出"太阳系行星家族？ **06**

冥王星其实很小，根本不够当行星的"资格"；冥王星还跑到了海王星的轨道上，这绝不是一颗行星应该做的事情！

2006年的时候，发生了一件大事，国际天文联合会决定将冥王星"踢出"行星家族！至此，太阳系只有八大行星了。嘘！先不要急着发问，让我们来看一看这件事的前因后果吧！

→ 冥王星

我发现了第九大行星！赶紧上报国际！

👑1930年，美国天文学家汤博发现了冥王星。不过这个"糊涂虫"算错了它的质量，认为它比地球还重！这个发现立刻震惊了天文学界，科学家当即将冥王星加入太阳系行星家族，使其成为第九大行星，并写入教科书。

👑但随着观测的深入，人们逐渐发现事情有点不对劲。科学家进行精确计算后，发现冥王星的直径竟然比月球还小，表面积甚至还没有俄罗斯大。而且最不能饶恕的是，冥王星竟然运行到了太阳系第八大行星——海王星的轨道上，这可不是一颗行星应该做的事情！所以，2006年国际天文联合会决定，将冥王星"踢出"太阳系行星家族！

海王星

我来找你玩啦！

你快走开！

冥王星

07 月球的"脸"上为什么坑坑洼洼的？

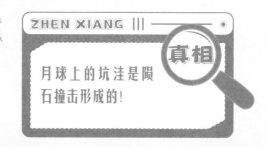

真相

月球上的坑洼是陨石撞击形成的！

月球没有大气层，因此很多巨大的陨石落在月球表面，撞出了巨大的石坑。

月球

远看亮晶晶，近看坑坑洼洼。

夜晚时分，你总能看到月亮像个大玉盘一样挂在天空中。不过实际上，月球可不像看上去那么光洁，它的表面其实是坑坑洼洼的！你不相信？那就打开手机，看看月球表面的实拍图就知道了！

陨石

砸它！砸它！

别只砸我呀！

月球

👑 不过，月球可不是天生长着"坑洼脸"，而是陨石把它砸成这样的！在大约 30 亿年前，月球刚刚形成，表面还处于"软乎乎"的熔融状态。那时宇宙中的陨石很多，巨大的陨石撞到了月球表面，就留下了一个个巨大的坑。

听说你要进入地球？！

大气层

不，不敢……

👑 月球上没有风，没有雨，也没有猛烈的地质活动，所以这些陨石坑就一直保留了 30 亿年，变成你今天看到的样子了！

👑 你也许会问："地球离月球那么近，为什么表面不是坑洼的？"那是因为我们的地球有大气层的保护呀！陨石穿过大气层时，会因为摩擦生热而燃烧起来。小的陨石直接被烧成灰了，大的也被烧得只剩一丁点儿，造不成什么大伤害了！

神秘的暗物质，你到底在哪里？

08

暗物质是一种我们无法观测到、但真实存在的某种物质，它们常常集中分布，约占宇宙总体积的70%。

你知道多少肉眼看不到却真实存在的东西呢？空气？细菌？紫外线？宇宙里有一种奇怪的东西，它明明占据着大约70%的空间，但是谁都没有见过它！这就是神秘的暗物质。

猜猜我是谁？

理论支持： 爱因斯坦的广义相对论
大质量的物体会导致时空发生弯曲

地点选取： 可能存在暗物质的地方

器材准备： 能发出并接收光线的仪器

操作过程： 用光线照射可能存在暗物质的地方

什么是暗物质呢？和著名的黑洞一样，暗物质既不发光，也不吸收可见光，所以始终难以被观测到。难道我们就无法观测到暗物质了吗？方法倒是有的，不过要费一番周折。

暗物质集中分布、质量巨大，光线从它的身边经过时，路径会产生弯曲。我们可以分析接收到的光线，假如它真的发生了奇怪的弯曲，而且路径上根本没有其他物质"挡路"的话，那就极有可能是暗物质在"捣乱"。

09 火星大移民，到底能不能行？

火星上的温差很大，且没有稳定的液态水，大气以二氧化碳为主，氧气含量低到无法呼吸。

在科幻电影里，你总会看到这样的情节：未来地球资源枯竭，于是人们将火星作为"第二家园"，展开了浩浩荡荡的移民。不过，在现实生活中，火星大移民到底能不能行得通？

👑 火星是太阳系由内往外数第四颗行星，属于类地行星。火星上的昼夜更替时间大约是 24 小时，上面还有冰川。怪不得很多人会将火星作为星际移民的首选呢！

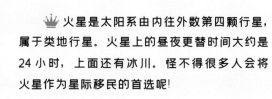

👑 不过也别太乐观了！要知道，火星的昼夜温差相当可怕。在它的赤道地区，夏天白天有 35℃，晚上则能降到 -73℃，这谁受得了呀！

👑 另外，虽然火星上有水源，却是随季节变化的，有的季节有水，有的季节一滴水都没有！你能忍受几个月不喝水的生活吗？

👑 最重要的是，火星大气的含氧量太低了，仅有 0.15%，根本无法呼吸！怎么样，你现在还想移民火星吗？

揭秘

那就是哈雷彗星将再次被观测到！

等到 2061 年，你将见证一个重大天文事件！？ 10

哈雷彗星的轨道周期是 76 年，上一次观测到它是在 1986 年。等到 2061 年，哈雷彗星会再次"回归"。

你见过拖着长长尾巴，像扫帚一样的彗星吗？假如没有，也不要遗憾，等到 2061 年，你将亲眼看到这一壮观的景象。因为那一年，举世闻名的哈雷彗星就要重新返回地球了！

哈雷 →

告诉我彗星的一切吧！

👑 哈雷彗星应该是我们最熟悉的彗星了。牛顿的好友哈雷最先计算出它的轨道周期，并预测了它返回的时间，因此人们用他的名字给这颗彗星命名。

👑 和其他彗星一样，哈雷彗星也有长长的尾巴，这个尾巴最长能达到 1.6 亿千米，比地球到太阳的距离还长。

👑 你有没有想过，哈雷彗星为什么会产生彗尾呢？因为哈雷彗星的彗核主要由冰冻组织组成，在靠近太阳的时候，冰冻组织瞬间变成气体，就形成了一条光亮的尾巴。越靠近太阳，这条漂亮的尾巴就越长。

因为太阳风的作用，哈雷彗星的尾巴永远是背对太阳的。哈雷彗星的中心是冰核，越靠近太阳融化越厉害，尾巴也越长。

11 太空中竟然有一只巨巨巨大的"螃蟹"？

蟹状星云是一种由气体和尘埃组成的云雾状天体，大小约是 12 光年 ×7 光年，它是一颗超新星爆发后留下的遗迹。

广袤的宇宙中有各种各样的天体，其中最漂亮的要数星云了！它由一大团气体和尘埃组成，就像披着薄纱的小精灵。在这些星云中，有一个长相怪异，活像一只大螃蟹！这就是著名的蟹状星云。

👑 蟹状星云的来历很特别，它是一颗超新星爆炸后的遗迹。超新星是指恒星演化的末期，在这时，有的恒星会发生剧烈爆炸，产生异常明亮的光，可持续几周至几个月。

👑 1054 年 7 月，在距离地球约 6500 光年的金牛座中，有一颗超新星突然爆炸了，爆炸的尘埃形成了早期的蟹状星云。那时中国正处于宋朝，官员杨惟德观测到了这一现象，并将它记载在《宋会要》一书中。

👑 蟹状星云从诞生到现在还不到 1000 年，可以说是一个十分年轻的天体。现在，它还在以 30 圈／秒的速度自转着——想象一下，是不是觉得头晕呢？

揭秘

黑洞是恒星死亡后
坍缩形成的!

要想变成"不挑食"的黑洞, 总共需要几步?

12

黑洞是质量巨大的恒星"死亡"后
形成的。它有着惊人的质量和引力,可
以吞噬一切从它身旁经过的物体。

"黑洞是宇宙里一个黑色的洞吗?"这也许是每个人听到这个词后,都会问的问题。不过可别搞错了!黑洞不是洞,而是一种天体。它很大、很重,能吞噬一切从它旁边经过的东西,不过你就是怎么也看不到它!

👑 也许你会说:"假如我用一只超级大的探照灯对准黑洞照过去,它不就现形了吗?"可惜错了!要知道,黑洞能吞噬的物质包括光线,无论射向黑洞的光有多强,都会被吞噬得一干二净,不会有一点点反射!

👑 这么可怕的天体,到底是怎么形成的呢?你也许猜不到,黑洞的前身,其实是像太阳一样发着光的恒星!

救命!

👑 当一颗恒星衰老时,它中心的燃料被耗尽,再也没有足够的力量来支撑外壳的超级质量。在外壳的重压之下,恒星开始坍缩。

快到我这儿来,
我要吃掉你!

👑 在之后的万亿年中,恒星在坍缩中体积变小、密度变大,产生了大得吓人的引力——就这样,"不挑食"的黑洞诞生了。

13 既然有黑洞，那有没有白洞？

如果黑洞可以"吞"入一切物质，那么也许存在着与其相反的白洞，会将黑洞吞噬的物质全部"吐"出来。

让我们来做一个反义词游戏吧！"大"对"小"、"黑"对"白"……考你一个难的，"黑洞"对什么呢？你也许会脱口而出："'白洞'呗！"但是，在苍茫的宇宙中，真的有"白洞"这种天体吗？

我一定会找到"白洞"的！

👑 也许……真的有！根据宇宙中的质量守恒原则，黑洞"吞"入的物质没有消失，而是被存放到了某个地方！因此科学家提出，可能存在着与黑洞截然相反的天体——白洞，黑洞负责"吞"入物质，白洞则负责将这些物质原封不动地"吐"出来！

👑 科学家还认为，物质被"吞"进黑洞后，会以超过光速的速度到达白洞，然后被"吐"到宇宙的某处，或是平行空间中！

揭秘

虫洞其实是一种时空隧道！

虫洞是哪种虫子咬出来的洞？

14

我邀请你去宇宙打洞……

没空！

虫洞也叫"爱因斯坦－罗森桥"，是科学家假想的一种时空隧道，通过它可以实现空间跃迁。

首先要声明一点，可千万不要望文生义，觉得"虫洞"就是虫子咬出来的洞哟！它其实是科学家通过数学和物理计算，假想出来的一种时空隧道！

我昨天做了一个梦，梦到了虫洞……

爱因斯坦

罗森

👑奥地利物理学家路德维希·弗莱姆最早提出了"虫洞理论"，不过并没有得到重视。到了 1930 年，爱因斯坦与纳森·罗森也对虫洞产生了兴趣，正式提出虫洞假说。

👑爱因斯坦和罗森认为，宇宙中可能存在一种可以连接两个不同时空的隧道，通过隧道可以实现时空转移，因此虫洞也被称为爱因斯坦－罗森桥。

星际穿越
INTERSTELLAR

👑电影《星际穿越》中这样描述虫洞："在一张白纸上画两个不同的点，然后将纸对折，再用笔尖穿透这两个点，就形成了一个简易的'二维虫洞'。"如果这种虫洞在我们生活的三维空间内同样存在，那么今后进行星际旅行将不再是难事！

15 星系也会"大鱼吃小鱼"?

星系会相互吞噬!

宇宙中的星系都处于不断运动中,如果两个星系相撞,就会产生吞噬现象,一个会将另一个"吃掉"。

地球上的"生存之战"你也许已经见怪不怪了:大鱼吃小鱼,小鱼吃虾米……每个生物都为了生存费尽心思。但是星系的相互猎食,你见到过吗?

大哥我带你干一票大的!

Yes, sir!

仙女座

M32p星系

👑2019 年 8 月,科学家惊奇地发现,仙女座星系在 20 亿年前曾撕碎并吞噬了一个巨大的星系! 那个被撕碎的星系名为 M32p,是已知仅次于仙女座星系和银河系的第三大星系!

👑在这场耗时长久的"战争"中,仙女座星系还将 M32p 星系的一小部分变成了自己的"小跟班"。现在,这个"小跟班"彻底"叛变",乖乖跟在仙女座星系的屁股后面。

👑不过仙女座星系的这种"暴行"并没有停止! 大约 40 亿年后,它将对银河系伸出魔爪,一点点将它吞噬! 但是这种星系间的吞噬是正常现象,我们也不用过于担心。40 亿年后,人类也许已经不存在了吧!

揭秘 平行宇宙也许真的存在!

真的有平行宇宙吗?

16

也许存在无数个平行宇宙,我们看不到那些宇宙中的人和事,但那些宇宙中却有无数个你。

在科幻小说中,你一定看过这样的桥段:主人公来到平行宇宙中,惊奇地看到另一个自己!
可不要以为这种情节纯属天方夜谭,科学家猜测,平行宇宙或许真的存在!

👑科学家认为:宇宙不只有一个,而是有无数个,这些宇宙叠在一起,就像一摞排列整齐的纸。我们看不到其他的宇宙,也无法和那里的人交流,这些宇宙中发生的事情更不会相互影响。

我还有 700 米就能完成今天的 800 米跑了。

科技让我不用再辛苦地走路了!

👑看到这儿,你是不是渴望来一次"平行宇宙大旅行",看看另外的自己?
冷静一点儿!这可能会造成严重的后果!科学家猜测,每个平行宇宙中光的传播速度、时间的流速和各种物理常数可能都不一样。假如有一天,平行宇宙相互贯通了,那么每个宇宙都会陷入混乱,甚至引起异常恐怖的大爆炸!

17 月亮真的会被"天狗"吃掉吗？

月球本身不发光，它的光芒来自太阳的照射。当月球运动到地球的阴影里时，太阳光照射不到它，月食就产生了。

夏夜里，你和姥姥在院子里乘凉，姥姥摇着扇子，给你讲"天狗吃月亮"的故事："月亮本来又圆又大，可突然有一天，来了一只饥饿的天狗，它三口两口把月亮咬去了半边……"这时你反问："真的有天狗吗？"

👑 当然没有！那只是一种奇妙的天文现象——月食！你看到月亮发着柔和的银光，但这其实是一种"假象"！月球自身是不会发光的，它只是在反射太阳光。当月球运动到地球的阴影中时，它便失去了太阳这个"大灯泡"，变得黯淡无光。人们抬头仰望，当然就看不到无光的月亮了！

地球，让开！我被你挡住了！

月亮不见了！

我的望远镜呢？

快拍照留念！

今天看不到月食，谁也别想睡觉！

👑 不过在古代，人们哪知道这些原理呢？因此想象出了"天狗食月"这个有趣的故事。全球每年至少发生两次月食，关注一下当地的天文预报，和爸爸、妈妈一起观赏这个有趣的景象吧！

揭秘 月球很有可能曾是地球的一部分！

月球和地球竟然是"母子"关系？ 18

科学家猜测，月球应该是很久以前，某个外来的小天体跟地球相撞后，飞出来的碎片重组形成的。

哎哟！我这是招谁惹谁了？

借过一下啦！

晴朗的夜晚，你和妈妈走在路上。你惊呼道："妈妈快看！天上的月亮又大又圆，好像一块大圆盘！"妈妈笑着夸你想象力丰富，随即问了你一个难题："你知道天上的月亮是怎么形成的吗？"

👑 关于月亮的"出生"秘密，很多科学家赞同这样一个假设：在很久很久以前，我们的地球本来自己安分地"过日子"，没想到突然有一天，一颗小天体狠狠撞到了地球身上！

👑 地球受了很严重的"伤"，它的一部分被撞成碎片，飞到了太空中。后来，这些碎片慢慢被地球的引力"抓"了回来，在距离地球不远的地方抱成一团，变成我们今天看到的月球。

引力之手 引力之手

我可是你的亲生母亲呀！

去，别占我便宜！

👑 没想到吧！月球原来跟地球是"一家人"啊！但这只是一种可能性较大的假设，毕竟科学家也不会魔法，没法穿越到亿万年前，亲眼看到月球诞生！

19 木卫二上竟然有神奇的冰火山！

木卫二上温度很低，表面全是冰，内部却有很多水。每当木卫二受到其他星球的引力作用时，冰火山就会爆发。

"轰隆隆——"电视节目里的火山猛烈摇晃着，喷发着浓浓的黑烟，滚烫、通红的岩浆从火山口流淌下来。看到这一幕，你一定忍不住感慨大自然的神奇。可你知道吗，在遥远的木卫二上，也有火山爆发，不过它"吐"出的不是岩浆，而是冰和水！

👑 木卫二是木星的一颗卫星。它的个头不大，比月球还要小一点。因为离太阳很远，木卫二上寒冷无比，表面盖着一层厚厚的"冰被子"。

👑 科学家发现，木卫二的"冰被子"下面藏着很多水。当木卫二被木星或其他卫星的引力影响时，它内部的温度会慢慢升高。等温度升到了一定程度时，木卫二"冰被子"下的水就会冲破坚冰，"砰"地喷射出来，看上去就像地球上火山喷发的场景一样！

揭秘

彗星给地球带来了水，有水才有生命!

为什么说彗星为地球带来了生命"大礼包"? 20

水是生命的源泉，但是地球上原本是没有水的，直到有一天，带着水的彗星"光临"了地球，地球上这才有了水。

大海啊，你都是水!

暑假到了! 爸爸、妈妈带你来到海边，享受假日时光。当你第一次看到大海时，简直被它的广阔壮观惊掉了下巴! 可你肯定不敢相信，很久以前的地球上，别说大海了，连一滴水都没有!

♔ 46亿年前，太空中漂浮着很多尘埃和碎石。它们在引力的作用下"挤成一团"，最终形成了最早的地球。不过，那时的地球跟现在一点儿也不一样!

原始地球

只有"亿点点"不一样。

♔ 原始的地球是个"大火球"，到处流淌着火红的岩浆，没有一滴水。如果继续这样下去，地球上永远不会有生命诞生! 不过，在地球诞生5亿年后，宇宙中有一些含有水的彗星被地球吸引，接二连三地冲了过来，给地球带来了"生命之源"。

♔ 许多年过去了，地球上的水越来越多，形成了一片原始海洋。这时，距离生命的诞生就不远啦!

21 木星上神秘的大红斑是怎么形成的？

ZHEN XIANG |||

真相

可能是木星自转造成的！

木星是巨大的气态行星，每时每刻都在自转。自转产生的力带动木星内部的气流，形成了巨大的红色旋风。

周末到了，爸爸带你来到了新开的天文馆。哇，这里有好多漂亮的星球模型啊！有太阳、地球、木星……咦？木星模型上的橙红色斑点是什么呀？爸爸告诉你："那就是著名的'木星大红斑'！"

👑 大红斑是木星脸上的雀斑吗？当然不是，它是木星上巨大的风暴！木星是一颗气态行星，它的体积是地球的1300多倍！和地球一样，木星也会自转。它的自转速度是地球的2倍多，平均10小时就能自转一圈！

👑 由于这样飞快的自转速度，木星上的气流被搅动得非常厉害，它们互相交错、碰撞，慢慢就形成了巨大的风暴——大红斑。大红斑的规模比整个地球的体积还要大，堪称整个太阳系里"最靓的仔"！

👑 身为风暴的大红斑，外形、规模始终在变化。不过它那巨大无比的体积独一无二，你肯定认得出来！

揭秘

地球刚诞生时是个"大火球"！

地球刚诞生时是什么样子的？

22

地球是在大约46亿年前"诞生"的。那时的地球气温非常高，岩浆、辐射和各种有毒气体"横行霸道"，不适合任何生命生存。

你一定看过在太空中拍摄的地球图片吧！它蓝汪汪的，看起来像一颗美丽的宝石。但是你一定不知道，46亿年前，地球和现在完全不同，是一个不折不扣的"人间炼狱"！

👑46亿年前，地球只是一个不起眼的小石块，它以微弱的引力不断地吸引一些尘埃和碎石，质量渐渐变大。在这种神奇引力的均衡作用下，地球逐渐变成了一个"圆润"的球体。

👑不过，那时的地球可是一个"致命"星球！火山运动非常频繁，动不动就向外喷发滚烫的岩浆和各种有害气体；宇宙中的小行星频繁"到访"，也把地球砸得"干疮百孔"；不仅如此，宇宙中可怕的辐射还能"杀人于无形"！

吸星大法！

地球

宇宙辐射

小行星 火山

致命杀手

👑很久以后，原始的大气层慢慢形成，阻挡了小行星和宇宙辐射；地球的火山不再"发怒"，气温也慢慢降低。终于，水在地球上出现了，生命才有了诞生的"温床"！

23 圆圆胖胖的地球为什么酷爱"转圈圈"？

真相

是因为地球上的粒子运动和太阳的引力！

地球喜欢"转圈圈"，而且是一边自转，一边绕着太阳公转。
它这样做是受到自身重力和太阳引力的影响。

爸爸新买了一个地球仪，你用手指轻轻一推，地球的模型就"滴溜溜"地转了起来。你的眼睛追着转动的地球仪，心里冒出了一个疑问：现实中的地球也会这样转动吗？

👑 当然会啦！而且地球不仅会自己"转小圈"，还会绕着太阳"转大圈"呢！

自转都是被逼的。

👑 科学家猜测，地球"转小圈"与粒子有关。粒子是一种极其微小的物质，只有用显微镜才能观察到，世上的一切物质都是由粒子构成的。不过这些小小的粒子并不"安分"，一直处于无休止的运动中。为了保持相对的平衡，地球只好选择自转的方式啦！

离心力

👑 而地球"转大圈"则与太阳这颗"大火球"有关。太阳用巨大的引力牢牢吸引着地球，而地球为了不被吸走，努力和太阳的引力对抗。在这个过程中产生了一种神奇的离心力，让地球围绕着太阳不断公转。

揭秘 月球因为位置不停地变化，被太阳照亮的部分也就不同！

为什么月亮每天都会表演 "大变脸"？ 24

月球本身不会发光，只会反射太阳光。所以月球被太阳光照亮了多少，我们就会看到什么样的月亮。

夏天的夜晚，你跟家人一起到室外乘凉。当你仰着头，望着头顶的星空时，忽然惊奇地发现了一件事：明明前两天月亮还是一道弯弯的月牙，怎么今天就变"胖"了呢？

👑 我们都知道，月球其实是不会发光的。我们之所以能看到它，是因为当太阳光照到月球上时，不透明的月球会把太阳光反射出去。

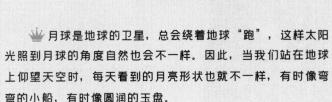

反弹！

月球

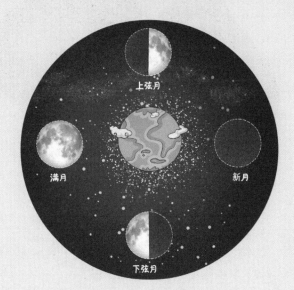

上弦月

满月

新月

下弦月

👑 月球是地球的卫星，总会绕着地球"跑"，这样太阳光照到月球的角度自然也会不一样。因此，当我们站在地球上仰望天空时，每天看到的月亮形状也就不一样，有时像弯弯的小船，有时像圆润的玉盘。

25 高高挂在天上的星星真的会掉下来吗？

真相

流星不是天上的星星，而是宇宙中的尘埃与碎块！

地球外表有厚厚的大气层，当宇宙里的物质冲向地球时，会跟大气层摩擦，发光发热，变成流星。

流星！

夜晚，你和妈妈仰望星空，正巧看到一颗流星划过。妈妈赶紧闭上眼睛许了个愿，而你却惊讶地张大了嘴巴：刚刚流星一闪而过，难道真的是天上的星星掉下来了吗？

👑 怎么可能！流星和天上的星星可是完全不同的！我们平时看到的星星都是距离我们遥远的恒星，而流星则是宇宙中的尘埃与碎块！

👑 科学家一般将这些尘埃、碎块称为"流星体"，它们有的很小，有的大得惊人！流星体在宇宙中漫无目的地"旅行"，当它们经过地球的"地盘"时，地球强大的引力就把它们吸到了自己身边。

放开我！我要继续旅行！

啊！！！

大气层

👑 流星体一头扎进地球厚厚的大气层中，与大气层剧烈摩擦，一边燃烧，一边从天上落下。这就是你看到的流星啦！

👑 对着流星许愿虽然没有科学依据，但很有趣。你假如有机会看到流星，也可以试一试！

揭秘 人造卫星是人们用来探索宇宙的无人航天器！

天上的星星那么多，为啥还要人来造？ 26

人类为了探索星空，发明了一种无人航天器，并用火箭把它送到太空，让它像天然卫星那样绕着行星转，这就是人造卫星。

发射！

"3，2，1——发射！"电视节目里，火箭喷出火柱，载着巨大的人造卫星冲天而起。爸爸激动地鼓起了掌，你却有点儿不理解：人造卫星？天上的星星明明那么多，为什么还需要人来造呢？

♕ 人造卫星可不是给宇宙中的星星充数的，它是一种专门研制的无人航天器，会绕着目标行星转圈，有着重要的科研用途！

♕ 人造卫星还有具体分工，比如，科学卫星可用来研究高层大气、太阳辐射等，技术试验卫星主要进行新材料、新技术的试验，应用卫星则可用来导航、通信、侦查等，和人的生活联系最密切。

同是应用卫星，各走各的路。

导航卫星   通信卫星

♕ 世界上第一颗人造卫星是苏联制造的，在1957年成功上天。我国第一颗人造卫星"东方红一号"在1970年升空，从那以后，中国逐渐成为"太空强国"！

27 金星为什么会被称为"人间地狱"?

金星表面的大气中大部分是二氧化碳，气压是地球的近百倍，而且因为离太阳很近，温度极高。

晴朗的夜晚，爸爸和你在阳台上用望远镜观察星星。很快，你找到了一颗明亮的星星。爸爸说那是金星，是离地球最近的行星。既然金星和地球的关系这么"亲密"，那么它上面是不是也有生命存在呀？

很遗憾——并没有！金星虽然大小、质量都与地球接近，但表面并不像地球这样生机勃勃，而是一片"人间地狱"的景象！

金星

为什么这样说呢？首先，金星表面的大气的主要成分是二氧化碳，人根本无法呼吸！其次，金星上的大气压力是地球的近百倍，如果一个人来到金星，会被瞬间压成"纸片人"！另外，因为距离太阳较近，金星表面的平均温度高达500℃，完全是"炙烤模式"！

除此之外，金星上分布着具有腐蚀性的硫酸云，随时会降下可怕的酸雨，腐蚀地表的一切物体！这种地狱般的景象，你是不是想想都觉得害怕？

揭秘 月球车是专门用来探测月球、执行任务的专用探测器！

月球车能在月球上行驶，到底有啥大本领？

月球车的学名是"月面巡视探测器"。因为月球环境特殊，所以人们用月球车来到处探索。

关于"车"，你了解多少呢？有路上跑的小汽车、大客车，还有帅气的赛车、摩托车。你知道吗，有一种另类的"车"，它长相平平无奇，却有着你无法想象的大本领——能在月球上行驶！

👑 这就是神奇的月球车！它是科学家专门为了探测月球发明的。月球车有两种"款式"——无人驾驶的和有人驾驶的。

👑 无人驾驶的月球车就像你的玩具遥控车一样，靠太阳能电池和蓄电池联合供电，人在地球上就能给它发布命令；有人驾驶的月球车更像你爷爷、奶奶的代步车，需要宇航员亲自驾驶，这样宇航员就不用辛苦地走路啦！

怎么不动呢……

月球车

玉兔号（想象版）

月球

👑 中国的第一辆月球车——"玉兔号"是一辆无人驾驶月球车，在 2013 年搭载"嫦娥三号"探测器，顺利登陆月球！

还没看过瘾？
那就继续吧！
GO！

为什么金星特别亮？

金星又被称为"太白金星"，是在天空中肉眼看到的除太阳和月亮外最亮的星。金星闪闪发光主要是因为它的表面裹着厚厚的云层，能反射更多的太阳光线。同时，金星离地球比较近，当然肉眼看上去比别的星星亮多了。

月球上的脚印为什么能长期保存？

首先，月球上没有大气层，因此不会刮风、下雨、下雪；其次，月球上几乎没有地震、火山等地质活动。所以，能"磨灭"脚印的很多因素都不存在，航天员的脚印在月球上，甚至比在地球的保险柜里更安全！

太阳风真的是风吗？

太阳风其实是太阳发射的一种带电粒子流，这种粒子流能以 200 ~ 900 千米 / 秒的速度在宇宙中快速运行。如果太阳风过于强大，在扫过地球的时候，就会对地球上的通信系统造成影响。美丽的极光也是因太阳风产生的。

为什么我们感觉不到地球在高速自转？

在赤道上，地球的自转速度能达到 465 米 / 秒，但我们丝毫感觉不到！这是因为"运动是绝对的，静止是相对的"。我们位于地球上，与地球保持相对静止的状态，再加上没有参照物，自然感觉不到啦！这就像你坐在飞驰的高铁上，只要不看窗外，就感觉不到高铁在行驶一样。

银河是天上的大河吗？

在神话故事中，牛郎和织女被汹涌奔腾的银河隔开，无法见面。不过可不要以为银河是一条银色的大河，它其实是由众多恒星等组成的巨大盘状系统，也就是我们说的银河系。而我们在天上看到的乳白色光带，就是银河系的主体在天空的投影。

为什么木星被称为太阳系中的"王者"？

木星是太阳系中最大的行星。它的质量是太阳系所有其他行星总和的 2.5 倍，体积比地球大 1300 多倍，在太阳系中有着"举足轻重"的地位。有科学家猜测，如果有一天太阳熄灭，木星可能会变成第二颗太阳！

星空被分成了哪些星座？

天文学家把天空中的星星按照区域进行划分、命名，目前一共形成了 88 个星座。包括北天拱极星座（5 个）、北天星座（19个）、黄道十二星座（12 个，也是我们最熟悉的）、赤道带星座（10 个）、南天星座（42 个）。

太阳为什么会发光？

太阳发光主要来源于它内部的氢不断"聚变"为氦，所释放出来的能量。太阳内部其实是一个巨大的核聚变反应堆，每时每刻都在进行核聚变，释放光与热。

宇宙有尽头吗？

就目前的技术观测，科学家认为宇宙是无边无际的！宇宙始于一个奇点，已经存在了 137 亿年，如今还处于迅速的膨胀中。

星星为什么总是晚上出来？

我们能看到的星星，大多是遥远的恒星，由于距离我们太远，它们的光传到地球上，已经非常微弱了。白天有太阳这个"大火球"，所以看不到它们的踪影。到了晚上，太阳落山，它们的光芒才会显露出来。

👑 星星为什么一闪一闪地眨眼睛？

地球上有着厚厚的大气层，远方恒星的光芒到达地球后，被大气层不断折射，最后被我们看到。而地球的大气层十分不稳定，特别是在离我们最近的对流层中，总有空气不规律地流动，光线折射的方向也就总是发生变化，让我们有时看得见、有时看不见星星。

👑 为什么月亮跟着人走？

月亮距离我们很远，而我们身边的景物，如楼房、树木、道路等距离我们很近。在我们走路的时候，身边的景物在不断变化，而月亮的变化却不明显，这样一对比，就会让人觉得月亮在跟着人走。

👑 距离太阳系最近的恒星是哪颗？

距离太阳最近的恒星是半人马座 α 星 C，又叫比邻星，距太阳系大约 4.22 光年。半人马座 α 星是一个三星系统，其中的天体没有稳定的运动形式，著名的"三体问题"也由此而来。在著名科幻小说《三体》中，作者幻想半人马座 α 星上存在智慧生物。

👑 什么是太阳能？

太阳能其实就是让太阳的热辐射"干活"。在古代的时候，人们利用太阳的热辐射制盐、晒咸鱼，其实也是使用广义上的太阳能。现代说的太阳能利用，主要是利用太阳能电池板将太阳的热辐射转化为电能。

👑 为什么会有日食？

日食是当月球运动到太阳和地球中间，三者正好处在一条直线时，月球挡住了太阳射向地球的光，所以在地球上看，太阳好像"缺"了一大块。日食分为日偏食、日全食、日环食和全环食。观察日食的时候要做好防护，以免眼睛被太阳光灼伤。

👑 为什么海王星被称为"笔尖上发现的行星"？

在天文学家发现天王星后，发现了一件很奇怪的事情：天王星总不按照牛顿的引力理论运动。最终，天文学家猜测，天王星的旁边应该还有一颗未知的行星，它巨大的质量造成天王星运动的异常。在反复演算、推导下，海王星终于被发现了。

👑 地球为什么不会在宇宙中"乱跑"？

因为地球受到太阳引力的作用。牛顿曾提出万有引力定律，认为任何物体之间都有相互吸引力，这个力的大小与物体的质量成正比。太阳的质量大得惊人，产生的引力就将地球牢牢"吸"在身边，让它不会在宇宙中"乱跑"。

👑 月球上为什么没有空气？

因为月球的引力非常小，仅有地球上的六分之一，无法将月球表面的大气牢牢"抓住"，大气很快"跑光"了。不过月球上也不是完全没有空气，只是空气比较稀薄，氧气更少，根本无法呼吸，就被人们忽略不计了。

👑 为什么中子星的密度那么大？

中子星是演化后期的恒星，也是除黑洞外密度最大的天体，每立方厘米的质量足有 10 亿吨！它巨大的密度是由于坍缩导致的，就像你将一捧松软的雪用力捏成一个雪团，雪的质量其实没变，但是由于体积缩小，密度增大了很多。

👑 月亮真的离我们越来越远吗？

是的！月亮如今距离地球大约 38 万千米，但由于两者之间潮汐力的作用，月亮每年都在以大约 3.75 厘米的距离"渐渐远去"。科学家预测，几十亿年后，月球很有可能脱离地球的引力范围，成为一颗新的行星。

👑 我们怎么判断地球在自转？

1851 年，法国物理学家傅科在法国巴黎先贤祠做了一次摆动试验，证明了地球的自转，这就是著名的"傅科摆"！傅科在大厅的穹顶上悬挂了一条 67 米长的绳索，绳索下系着一个重达 28 千克的摆锤。在摆锤运动的时候，摆锤下的指针会在沙盘上留下运动的轨迹。试验结果证实：摆锤的轨迹竟然不是一条直线，而是渐渐偏离的。试验没有受到外力的影响，这就证明了是地球在自转。

为什么在月亮上我们的体重会变轻？

因为月球上的重力比地球上的小！月球的质量不大，因此产生的引力也很小，月球上的重力只有地球上的六分之一！这也就是为什么，人能在月球上跳得比在地球上高啦！

为什么天王星"躺"着旋转？

我们都知道，地球是"肚子"（赤道地区）朝向太阳自转的，而天王星则是"头顶"（极地地区）朝向太阳自转的！一般认为，在天王星刚刚成形的时候，被一颗巨大的原行星撞了一下，将它"撞翻"了。于是，天王星就只能"躺"着旋转了。

柯伊伯带是什么？

柯伊伯带是在海王星轨道之外的一个区域。这个区域呈中空圆盘形状，像是在黄道面给太阳系了一条"腰带"。柯伊伯带中天体密集，有很多冰封的天体。

奥尔特星云是什么？

奥尔特星云是一个科学家假设出来的，包围着太阳系的圆球状云团。它位于柯伊伯带之外，最大半径约有1光年，其中有不少活跃的彗星。很多彗星在靠近太阳的时候，上面的冰、干冰等物质会很快消耗，随后它们会回到奥尔特星云中"补给"，然后再次"拜访"太阳系。

为什么天上的星星有的亮、有的暗？

决定星星亮度的因素主要有两个，一个是恒星的真实亮度，发光能力强，自然看上去就更亮啦；另一个是恒星和人之间距离的远近。假如发光能力强的恒星离我们较远，看上去就会没有近处发光能力弱的恒星亮。

为什么天体都是球形的？

在万有引力的影响下，天体会形成"最懒形状"——球形。

不过很多星体并不是"完美"的，有的圆一些，有的扁一些。

恒星是一动不动的吗？

恒星也在运动，而且速度很快，甚至能达到每秒几千米到几百千米！因为宇宙是在不断膨胀的，星体也随之运动。比如我们熟知的"北斗七星"，大约10万年前，它的"斗柄"要比现在长得多！

怎样找到北极星？

最简单的方式是通过"北斗七星"来找。将"斗口"的两颗星连线，向"勺子"开口的方向延伸大约5倍的距离，就找到了北极星。

南半球和北半球分别能看到什么代表星座？

在北半球能看到仙后座和大熊座（北斗七星就在大熊座中）；在南半球能看到南十字座、猎户座。

火星上有火吗？

当然没有！火星上氧气稀薄，火无法燃烧，就形不成火。火星看上去是红色的，是因为它的表面分布着大量赤铁矿。

地球为什么叫"地球"？

可能是由于人类生活在大地上，对于大地的"情感"更深。不过地球更应该叫"水球"，因为地球上三分陆地、七分海洋，71%的面积被海洋覆盖。

天上有多少颗星星？

天上肉眼可见的星星有不足7000颗，亮度被分为1～6等。1等星最亮，6等星最暗。

空间站有什么作用？

空间站主要是为了迎送宇航员和太空物资，也可以在这里完成地球上无法做的科学试验。除此之外，它还能为航天员提供长期工作和生活的场所，相当于太空中的"家"。

为什么说土星能浮在水上？

土星的平均密度是 0.70 克 / 立方厘米，比水的密度（1 克 / 立方厘米）小得多。如果把土星放在水中，它能毫不费力地浮上来，不过，首先得能找到足够大的水域！

火星和地球是"孪生兄弟"吗？

地球与火星有很多相似之处，比如它们都有卫星，都有移动的沙丘与沙尘暴，南北两极都有冰冠，自转时间与自转轴倾角相似，都有明显的四季变化。所以有人说它们是"孪生兄弟"。

氢元素竟然有 4 种形态？

氢元素一共有 4 种形态：气态、固态、液态和金属态。金属氢是液态氢或固态氢在高压状态下形成的，具有导电的特性。科学家猜测，木星的内部也许是由金属氢构成的。

为什么早上和黄昏的太阳光是黄色的？

太阳光是复色光，其中红、橙、黄这三种光线较强，能够穿过大气层，照射到地面上。早上和黄昏云层较多，阳光容易被散射、折射。黄光的穿透性比其他光要强，因此这些时候看到的光大多呈黄色。

我们看到的永远是"从前的"太阳？

太阳和地球之间相距 1.496 亿千米，也就是说，太阳光到达地球大约需要 8 分 20 秒。所以，我们看到的太阳不是"当时"的，而是 8 分 20 秒前的太阳。

太阳到底有多热？

太阳的内核是能量的"产生区"，这里的温度能达到 1.5 亿摄氏度！再往外是辐射区，温度大幅降低，不过也有 200 ~ 700 万摄氏度！最外层是对流区，也就是太阳的大气层。大气层的最外部是日冕层，它的温度高达 100 万摄氏度！

宇宙中也有"玫瑰花"？

玫瑰星云距离地球约 5200 光年，位于麒麟座，直径大约为 130 光年。它的中心有很多新生的恒星，恒星发出的星风和辐射，使它拥有玫瑰花瓣一样复杂的纹理。由于星云中富含氢气，因此它发着美丽的红光。

为什么在金星上"度日如年"？

金星的公转周期是 224.7 个地球日，而自转周期是 243 个地球日。也就是说，在金星上，"一天"比"一年"还要长！在那里可真是名副其实的"度日如年"啊！

金星酷爱"反着转"？

金星是太阳系中唯一逆向自转的行星，自转方向是自东向西的。也就是说，在金星上，太阳是"西升东落"的！

为什么说木星是地球的"挡箭牌"？

木星的质量、体积巨大，有着强大的引力，吸引了很多向太阳系内部"飞"来的陨石，并把它们一一碾碎。可以说，没有木星，地球可能已经被陨石砸得千疮百孔了！

光年是长度单位吗？

光年不是时间单位，而是长度单位。光年就是以光的速度，1 年走过的里程。光速是 299792458 米 / 秒，一光年大约是 9.46 万亿千米。

什么是太空垃圾？

太空垃圾是绕地球运行的所有人造物体，包括火箭、卫星的碎片，以及空间站遗弃的日常物品。科学家估计，目前大约有 50 万件太空垃圾，而且这个数目还在不断增多。

宇宙最高峰在哪里？

目前人类已知的最高峰在一颗名为"造神星"的小行星上，它的高度足有 22000 米，大约是珠穆朗玛峰的 2.5 倍！

宇宙中有多少颗恒星？

科学家估测，宇宙中大概有 1000 多亿个星系，银河系只是其中之一；银河系中有 1000 多亿颗恒星，太阳系只是其中的"沧海一粟"。

"旅行者 1 号"飞出太阳系了吗？

"旅行者 1 号"于 1977 年 9 月 5 日发射，1979 年 3 月经过木星，1980 年 11 月利用土星的引力弹弓飞向太空。虽然它的速度很快，但目前依然没有飞出太阳系！科学家曾计算，要想摆脱太阳系的引力，至少需要飞 1.7 万年！

人类为什么没有登上火星？

不是"不想登"，而是怕"回不来"！用"登月"来比较，地球与月球的平均距离是 38 万千米，而与火星的最近距离是 5500 万千米！月球的引力小，返回时需要的燃料不多，而火星的引力和地球相似，需要消耗非常多的燃料，还需要配套的复杂发射系统！

为什么月球上的尘埃有毒？

月球的土壤中含有一种体积非常小的金属铁粒，这种铁粒与人体的血红蛋白结合的能力很强。如果吸入过多的土壤尘埃，人体就会产生类似一氧化碳中毒的反应。此外，月球的土壤里含有辐射，以及一些地球上不存在的细菌，可能会危害人体健康。

为什么在太空中的人会"长高"？

这是失重在"捣鬼"。由于太空中几乎没有重力，人的关节会变松弛，脊椎骨之间的间隙也会变大，导致"长高"。生活在太空中的宇航员最多可以长高 5.5 厘米，不过只要一回到地面，几小时后，身高就会恢复。

太阳系的边界在哪里？

目前一般认为，太阳系的边缘是奥尔特星云。这是一个圆球状云团，包围着太阳系，是众多彗星的发源地。科学家估测，奥尔特星云的最大半径约是 1 光年。

为什么说现在也能观测到"宇宙大爆炸"？

虽然看到"宇宙大爆炸"的重现是不可能的，但大爆炸留下的"余音"——宇宙背景辐射依旧存在。1964 年，两位美国工程师在架设天线的时候，总是接收到一种没有规律的干扰信号。后来他们发现，那就是宇宙背景辐射！

为什么太阳会"发抖"？

这是太阳自身和其表面气体进行的一次周期性震动，这种震动是由太阳内部发射的声波和自身引力的共同作用引起的。

水星上没有水，为什么叫"水星"？

水星上不仅没有水，温度还非常高，白天最高温度能达到 427℃。由于中国人习惯用"五行"的命名方式，因此用"水"来给这颗行星命名。

为什么在金星上不能使用指南针？

因为指南针是运用地磁场的磁性来工作的，金星上根本就没有磁场，当然不能用指南针啦！

为什么海平面的高度会影响地球自转？

当海平面上升时，地球整体的半径就会增大，自转速度就会有所减慢；相反，海平面降低时，地球的自转速度就会加快。不过地球那么大，海平面高度的影响几乎可以忽略不计！

为什么人在赤道上跳得高？

因为地球是一个稍扁的球体，赤道地区距离地心远，受到的引力最小，所以跳得高。如果在两极地区，受到的引力则会相对较大，跳得会低一些。

月球上有"月震"？

的确是这样！不过"月震"的能量并不是来自月球内部，大部分"月震"是由陨石撞击产生的！